張程 — 著

權謀與詩酒，魏晉的興衰史詩

從晉室偏安到士人風骨

當王羲之跟陶淵明都還沒出來混的時候，
偏安江南的東晉形成跟北方對立的局面，
「王」怎麼敢與「馬」共天下？淝水之戰到底該不該打？
所謂的魏晉風骨是真的整天縱情山水、不問世事嗎？

那是世族堂前的燕子還沒飛入百姓家的時候，是魏晉風華最盛的時代！

目錄

目錄

司馬睿當皇帝，真不容易

一

木秀於林，風必摧之，而混在森林深處的小灌木則是最安全的，有樹陰可以遮蔽又不需要承擔風險。西晉末年，皇室內訌，多少皇親貴冑身首異處血流滿地，司馬炎一系的近支子弟更是損失殆盡。身為皇室遠支疏宗的琅琊王司馬睿倖存了下來，並發展壯大，在西晉滅亡北方淪陷以後建國江南，開創了東晉王朝。

琅琊王司馬睿是司馬懿的曾孫，和晉惠帝、晉懷帝同一輩分。司馬睿在皇室中的地位很低。他的爺爺司馬伷是司馬懿的小妾伏夫人所生（伏夫人還生了在八王之亂中威武一時的汝南王司馬亮），是庶出的少子，被封為琅琊王。琅琊這個地方大約在今天山東臨沂地區，是諸葛亮的老家。司馬伷就娶了諸葛亮的族孫女為妻。當時社會上流傳「牛繼馬後」，司馬懿正在篡奪曹魏政權，認為這是在預示牛氏將取代司馬家族，於是對朝廷中的牛氏大臣起了疑心。恰好有個大將叫牛金，不幸被司馬懿給毒死了。想不到，「牛繼馬後」的預言應在琅琊王這一支血脈上，第三代琅琊王司馬覲的王妃夏侯氏私通小吏牛氏，生司馬睿。後來司馬睿成了東晉皇帝，可不是「牛繼馬後」？司馬睿的身世之謎雖然對皇室不敬，卻被正經八百地記錄在了《晉書》中。

司馬睿十五歲世襲了琅琊王的爵位，整個少年時代和大半個青年時代都是在默默無聞中度過的。他既沒有血緣優勢，又無權無兵，是一系列政治活動的旁觀者。如果說有過人的地方，就是他能在紛繁複雜的環境中保全自身，一直安然無恙。八王之亂前夕，司馬睿「每恭儉退讓，

以免於禍」。到永興元年（西元三〇四年），政治鬥爭更加尖銳，一件事情把司馬睿給牽涉了進去，導致他不能再獨善其身了。當時晉惠帝被挾持到鄴城，司馬睿也跟著去了。東安王司馬繇勸掌權的成都王司馬穎客氣優待晉惠帝，司馬穎不僅不聽還把他殺了。司馬睿是司馬繇的親姪子，怕遭牽連，趕緊化裝逃走。成都王司馬穎下令一切關口、渡口都不准貴人通過。司馬睿到達黃河渡口，就被攔住了。情況緊急，幸虧有個叫宋典的隨從急中生智，拿馬鞭朝司馬睿身上一拂，笑道：「舍長（看管房子的小吏），官府把你當作達官顯貴拘留了，看來你很有貴相啊！」守渡口的官兵信以為真，就把司馬睿等人放行了。

司馬睿逃亡後，堅定地站到了東海王司馬越的陣營一邊。永興二年（三〇五年）司馬越授意司馬睿去守下邳，並派自己的參軍王導當司馬睿的助手。王導出身琅琊王氏，是世族大家子弟，眼光獨到，看到天下已亂，決心尋找一個可靠的盟友開創新局面。王導找到的這個盟友便是司馬睿。他看中了司馬睿的低調和沒有歷史包袱的清白背景。司馬睿的封地就是王導的老家，他對王氏很有好感，刻意籠絡。史稱王導「傾心推奉」，司馬睿「亦雅相器重，契同友執」。司馬睿跟著司馬越在洛陽，王導不斷勸他脫離洛陽，藉口回封國而去東方開闢新局面。這才有了司馬睿出鎮下邳，王導再跟著來到下邳，開始了兩人的搭檔生涯。王導和琅琊王司馬睿同齡，當年都三十歲。

中原大亂愈加激烈，王導和堂兄弟王敦、王曠（王羲之的父親）三個人關在小屋子裡，商量了半天，覺得中原局面混亂，沒有可以作為的地方，不如去相對安定的南方東吳古地開闢新局面。於是，王導建議司馬睿去東南地區獨當一面。司馬睿很贊成，向司馬越申請移鎮南方。朝廷中的王氏兄弟王衍、司馬越的妃子裴氏二人被司馬睿和王導買通，

都鼓動司馬越同意司馬睿的請求。司馬越也想為自己在南方安排一個後路，萬一北方不濟了可以去東南地區棲身，就答應了。沒想到司馬越很快身死覆滅，生前安排的後路成了司馬睿的飛來橫財。永嘉元年（三〇七年），司馬睿出任安東將軍、都督揚州諸軍事，和王導帶上一幫子人馬，搬到了建業。

司馬睿前往東南，名義上是移鎮，其實類似逃亡，帶動了北方官民的南逃浪潮，史稱「元嘉南渡」。

二

司馬睿到建業時，距離陳敏覆滅才過去半年光景。南方局勢也不是一潭靜水，世族大家和一般百姓都心存觀望，就看著司馬睿如何作為了。司馬睿到建業大半個月了，竟然沒有一個江東士人前來拜訪。

建業是東吳的故都，不是誰坐在這裡都能得到東南地區支持的。西晉平吳後，江南童謠稱：「局縮肉，數橫目，中國當敗吳當復。」「局縮肉」是對司馬皇室的蔑稱；「橫目」就是一個「四」字，「數橫目」就是說西晉壽命只有四十年左右；四十年後「中國當敗吳當復」。而從西元二六五年司馬炎建立西晉王朝到三〇七年司馬睿南下，已經四十年了，恰好天下大亂，很多東南百姓就認為改朝換代的時候到了。又有民謠說：「宮門柱，且當朽，吳當復，在三十年後。」這個說得更明白，意思是東吳滅亡三十年後將會復國。東吳是西元二八〇年滅亡的，三十年後就是三一〇年，離司馬睿到建業還差三年。當年陳敏反叛，在東南能

迅速掀起大風大浪，和民心反晉思吳有很大關係。琅琊王司馬睿要想在東南站穩腳跟，必須安撫本地區的對立情緒，首要便是取得江東大族的支持。

司馬睿初到江東，當地人對他很冷淡。西晉王朝已經分崩離析了，皇室成員在江東士人心中早已大大貶值。而司馬睿這個琅琊王又是西晉皇室中的邊緣人物。現在，司馬睿帶著一大幫人逃到南方來，誰又能保證他們能長久在南方立足？鐵打的州縣流水的官，司馬睿說不定過幾年就被人給撤了，說不定連西晉王朝都不存在了呢！所以，江東的世族大姓輕蔑地稱司馬睿、王導等人為「傖父」，很不禮貌。東南人心不附。王導著急了。對於他們那些南下的北方世族來說，司馬睿的命運就是他們的命運。南方士卒排斥司馬睿就是間接地排斥包括王家在內的北方南下士人們。司馬睿在南方站不住腳，王家等人也站不住腳。

於是在南下建業一個多月後的三月三日「修禊節」，王導在秦淮河邊導演了這麼一幕：

司馬睿坐在奢華的肩輿之上，在皇家儀仗的簇擁下，緩緩而來。王導、王敦等北方世族和名流都恭恭敬敬地騎馬跟隨其後。整個隊伍威嚴肅穆又不失豪華熱鬧，將西晉王朝的泱泱皇室風範展現給了當時在江邊過節的江南世人。江東的紀瞻、顧榮等著名大族都在江邊搭著席位，占著地盤過節。目睹這一幕，他們的內心受到了極大震撼。皇室骨肉相殘之後竟然還能保持這麼威嚴的陣勢；原來司馬睿在北方的地位這麼高，得到了這麼多大人物的支持；原來司馬睿等人還知道南方的節日，主動參加，與民同樂。震撼之餘，南方人士紛紛拜倒在路旁。司馬睿落座後，江東各大族的代表人物紛紛前來拜見。司馬睿、王導等人專門挑一些南方人不知道的新聞、禮儀、賞賜來說，那些世代居住在江東的世族

大家聽得暈頭轉向的。回家後，世族大家們紛紛感嘆，司馬睿這批人不可小看啊！

緊接著，南方各大人物和名流先後接到了司馬睿的聘書。司馬睿一下子徵辟了一百六十個幕僚，許諾以高官厚爵。司馬睿任用顧榮為軍司，加散騎常侍，遇到軍國大事都向他諮詢；任用賀循為吳國內史，將東南核心的吳郡託付給本地人治理。紀瞻、周玘、張闓等江東世族也都被委以重任。東吳滅亡後，江東士人的仕途變得很不順暢。如今司馬睿大施恩惠，迅速將士人團結在了身邊。史載：「由是吳會風靡，百姓歸心焉。」

在這其中，王導發揮了重要作用。譙國龍亢（今安徽懷遠）世族桓彝南渡過江之初，看到司馬睿勢力微弱，擔憂地對同樣南渡的汝南世族周說：「我們因為中原大亂才到此來求生存，不料官府如此微弱，怎麼能維持下去！」後來桓彝見到了王導，交談之後對周說：「我剛才見了管仲，再也不擔憂了。」（這個桓彝只是個一晃而過的配角，終於太守，卻生下了不起的兒子桓溫和孫子桓玄，掀起了驚濤駭浪。）王導在建業協助司馬睿收買人心，王敦領兵在外四處攻城略地擴充地盤，揚州、江州、荊州、廣州、交州紛紛歸附司馬睿，南下的其他北方世族共同出力穩固南方政局，很快就開啟了局面。對於北方世族來說，他們內部肯定存在爭權奪利和黨同伐異，但在北有強敵南有世族的不利情況下，擁戴司馬睿，同心協力在江南一隅開啟局面，是維持各自門第和利益最現實的選擇。所以，我們看到在「永嘉南渡」之初的幾年裡，北方世族空前地團結。這種團結僅此一回，當局面穩固後，北方世族很快起了內訌，觸發了多次內戰。

在這空前團結期間，北方世族在江南漸漸站穩腳跟，穩定下來，而

江東世族則受到擠壓，不再是南方社會發揮主導作用的力量了。

西晉末期，義興周氏、吳興沈氏領銜江東世族，號為強宗；緊隨其後的是吳郡四大家張朱陸顧。北方世族初來，都不敢直接和他們對抗，紛紛避開現在的蘇南和太湖流域，深入浙江、江西一帶圈地占田，發展勢力；再其後的有會稽的孔魏虞謝四家。這些家族的勢力強大，張昌之亂中石冰侵略江南、陳敏反叛主要是江東世族，特別是義興周家起兵平定的。石冰、陳敏之外，有個叫錢璯的人找出了孫皓的兒子孫充造反，再次企圖恢復東吳政權。義興周家的周玘組織家族力量，再配合鄉里民兵就平定了這次造反，史稱周家「三定江南」。可見江東世族最初力量之強大。

但是江東世族在東吳滅亡後，就沒有統一的組織，也沒有進行必要的思想溝通，無法團結。比如義興周氏往往是有事就組織軍隊，打完仗後便解散部隊，主要目的是保衛鄉土，維護家族利益。始終沒有一個強權人物成功領導江東世族與西晉朝廷對抗。

也許是出於穩定多次騷亂後的江南，在「永嘉南渡」初期江東世族沒有反抗北方世族的南下，坐視他們逐漸站穩腳跟。等到北方世族開始擠壓世族勢力的發展空間，江東世族們開始後悔了。周玘被司馬睿懷柔任命為吳興太守，他聯繫一部分人要殺死北方官員，改用南方人士。機密洩露後，司馬睿不敢公開鎮壓，先調周玘為南郡太守，等他離開吳興後突然改任他為軍諮祭酒，不再讓周玘掌握實權。周玘最後憂憤而死，臨終對兒子周勰說：「殺我的是諸傖子（吳人對北方人的蔑稱），能報此仇，才好算我的兒子。」司馬睿明知周玘造反，仍然諡他為「忠烈」。周勰繼續父志，聯繫族人陰謀起兵反晉。叔父周札不願意造反，向司馬睿告密。司馬睿還是不敢公開鎮壓，利用周家內部矛盾採取暗殺手段鎮壓

了起義。周勰卻沒有受到懲處，司馬睿待之如初，只是日後不再對江東世族委以實權了。這時，江東世族的勢力還是強大得讓朝廷不敢小覷。

隨著統治的逐漸鞏固，北方世族在籠絡策略之餘，採取分化方法讓江東世族自相削弱。王敦親近吳興沈家，以沈充為心腹和謀主，後來派沈充帶兵消滅了義興周家。沈充依靠王敦勢力做大，一度私鑄錢幣，還參與了王敦之亂。王敦造反被平定後，沈充被部下所殺。吳興沈家轉衰。周、沈兩家內耗衰落，象徵著江東世族力量下滑。在整個南朝時期，江東世族都處於北方世族的優勢之下。

話說司馬睿在南方算是安定下來了，北方則出了大麻煩。西元三一六年，匈奴人攻陷長安，晉愍帝投降。司馬睿成為僅存的、握有實權的藩鎮宗室。殘存的晉朝州縣，比如北方并州的劉琨、南方揚州、荊州、江州的王導、王敦等人紛紛向司馬睿勸進，希望他延續晉室血脈。第二年，司馬睿在建康（為了避晉愍帝的名諱，建業改稱建康）稱晉王，改元建武作為緩衝。東晉開始了。建武二年（三一八年）三月，晉愍帝遇害的消息傳到建康，王導趕緊勸說司馬睿繼承帝位。晉王司馬睿順理成章稱帝，他就是晉元帝。

據說司馬睿剛到建業的時候，君臣等人連吃一回豬肉都是奢侈的享受。最好的豬脖頸肉自然是司馬睿獨享，其他人只好眼巴巴看著他吃。那塊肉因此被稱為「禁臠」。十年後，南渡的北方官民就完全改變了局面，開創了一個新的王朝。司馬睿和王導的搭檔關係也就更新為了司馬睿當皇帝，王導當丞相的政治結構。至此，王導讓司馬睿勢力在南方紮下了根，也讓琅琊王家和北方世族在南方紮下了根，奠定了富貴百年的基業。

無論如何都要北伐

一

祖逖，范陽遒人（今河北淶水人），出身官宦世家，性情爭強好勝，喜歡耍手腕伎倆，到十四五歲還大字不識。父親早死，哥哥們很為祖逖擔心，擔心他日後破壞官宦世家的名聲，或者乾脆就當了江洋大盜。儘管家人很擔心，祖逖卻很受鄉黨宗族的好評，因為他輕財好俠，慷慨助人，每次看到有困難的人都大把大把地散發穀帛接濟，卻假稱是哥哥們的意思。

祖逖很有成為一代梟雄的潛質。可是「梟雄」是一個中性詞，既可以指那些為朝廷蕩平群寇藩鎮一方的重臣大將，也可以指那些流寇四方、塗炭生靈的叛臣大盜。祖逖會是前者還是後者呢？幸虧，祖逖長大後心性改變，開始博覽群書，記憶力超群，古今軍政都了然於胸，往來京師見者都稱祖逖有贊世之才。他開始當官，不過都不是正經八百治民辦公的官職，而是頻繁進出各個王爺和權臣的幕府，當的都是些參軍之類的職務。大抵上，他是長於處理重要事務或者棘手的事，而不善於坐在衙門裡埋頭於文山案牘。可惜，王爺們都沒能給他施展才能的舞臺，埋頭於內訌爭鬥。所以，祖逖的前四十多年都淹沒在茫茫人海中，沒能露出鋒芒來。

祖逖擔任司州主簿時，劉琨也擔任司州主簿。劉琨比祖逖小五歲，兩人都有匡扶國家之心，感情很好，住在一起同被而眠。祖逖、劉琨兩人都是俊傑，常常談論時政，有時通宵達旦，都認為晉朝將「四海鼎沸，豪傑並起」。想到動盪的前景，二人互相勉勵，約定「相避於中

原」。一天凌晨，荒野響起雞鳴，祖逖醒來，踢踢劉琨說：「這不是惡聲。」於是，兩人天沒亮就出來舞劍，鍛鍊身體。「聞雞起舞」由此而來。劉琨實際能力要弱於祖逖，但因為是漢朝宗室後裔、名冠一時，提拔得比祖逖快，後來成了西晉在北方的支柱。

八王之亂高峰時，祖逖率領親黨數百家從河北向江淮地區逃難。途中，祖逖把所乘的車馬讓給同行的老弱病殘，自己徒步前進，把藥物、衣糧都拿出來和大家分享。百姓們見祖逖有權略重義氣，公推祖逖為「行主」。所謂「行主」，本質上是北方流民領袖。天下大亂，人口流動頻繁，人數眾多，形成多股流民潮。流民在遷徙過程中，有各種問題，很容易組織起來。流民組織有領袖，有武裝，遷徙到某地定居後常常建造堡壘自守，平時耕種周圍土地，有事就收縮回堡壘。這些流民堡壘少的能組織起幾百人的武裝，多的能拼湊數千軍隊，遍布江淮地區。各個政權分別委以流民領袖縣令、太守乃至刺史職務，籠絡流民武裝，不至於與己為敵。八王之亂時，多支北方流民武裝南下，在江淮地區建立了許多流民武裝堡壘，稱為塢堡，流民領袖被稱為塢主。其中大的武裝則南下占領城池，比如祖逖這支武裝就進駐泗口，此外還有蘇峻、郗鑒等武裝入駐徐州、揚州等地。司馬睿就任命祖逖為徐州刺史，以為籠絡之策。

祖逖進一步帶著隊伍南下丹徒的京口（今江蘇鎮江）。在這裡，祖逖招攬勇士為賓客義徒，待之如子弟。當時揚州突然大旱，出現饑荒，南下流民多為盜竊，攻剽富室。頗有俠氣的祖逖睜隻眼閉隻眼，不聞不問，遇到有流民為官府捕獲，祖逖也千方百計解救。因此，祖逖在南下流民中的威望越來越高。

祖逖因為朝廷傾覆，常懷振復之志。北方流民背井離鄉、流離失

所，也有強烈驅逐胡族恢復故土的要求。整個東晉時期，南方都存在強烈的北伐復國的呼聲。祖逖雖然不斷向南走，但沿途散播調轉槍頭打回北方的言論，號召南方各派力量團結起來北伐。在江南稍微站穩腳跟後，祖逖就上奏司馬睿，鼓吹北伐：「晉室之亂，並非朝廷無道百姓怨叛造成的，而是由於藩王爭權，自相誅殺，導致戎狄乘隙毒流中原。如今，百姓遭受殘酷殺戮，人人有奮擊反抗之志。大王誠能發威命將，如果讓祖逖我統兵北伐，則郡國豪傑必爭相來投，沈弱之士欣然擁護，不久國恥可雪。」分析祖逖的這個奏摺，他對西晉王朝覆滅很不甘心，認為是少數民族武力趁朝廷內亂僥倖取勝的，現在有民心可用，只要南方同仇敵愾，定能光復故土。

司馬睿、王導等人肯定清楚南方的北伐呼聲。他們並不熱衷北伐，因為對於南渡的司馬睿政權來說首要的是在南方紮下根去，鞏固統治。和江州、荊州軍方爭奪地盤、爭取江東世族的支持、調節南下世族的內部矛盾，樣樣事情都比北伐重要得多。再說，北伐奪回北方故土，對司馬睿等人的壞處很明顯。首先，司馬睿的名望很低，萬一哪個重臣大將北伐成功了，名聲大漲功高震主，對司馬睿有什麼好處呢？其次，司馬睿是皇室疏宗，萬一北伐找到幾位皇室血統更近更高的宗室，司馬睿往哪裡放啊？所以，司馬睿、王導力主集中軍力、物力、財力去擴充領土、穩定南方，不願意分兵北伐。但是北伐的理由很充分，具有不容辯駁的道德力量，司馬睿和王導又不便反對。他們能做的只能是口頭讚賞，暗地裡布置種種障礙，盼望著北伐不要成功。

對待北伐「政治第一位」的指導方針和「陽奉陰違」的做法，司馬睿和王導首創，被之後的東晉歷代朝廷所繼承。

接到祖逖自請北伐的奏摺後，司馬睿任命祖逖為奮威將軍、豫州刺

史。豫州（今河南地區）大部分在石勒手裡呢！司馬睿給祖逖的職位是虛的，需要祖逖自己去奪回。那麼司馬睿給祖逖多少北伐軍需呢？一千人份的軍餉，三千匹布，沒有一兵一將，沒有一副鎧甲一把刀。王導向祖逖解釋說，我們現在很困難，你就勉為其難，自行招募軍隊北伐吧！

西元三一七年，祖逖率領百餘家跟隨自己的北方流民渡江北上，勇敢地開始了悲壯的北伐。渡到長江中流，祖逖敲擊著船槳立誓：「祖逖不能清中原而復濟者，有如大江！」他辭色壯烈，大有壯士一去兮不復返的慷慨悲涼，旁人聞之慨嘆不已。「中流擊楫」典故在此，如今已成了雄心壯志實踐理想抱負的代名詞。渡過長江後，祖逖在江陰停留了一會兒，冶鑄兵器，並招募北伐的志願軍。他得到了流民的支持，組織起兩千餘人的粗糙軍隊，繼續前進。

永嘉南渡後的豫州實際掌握在各支流民武裝手中。西晉政府之前籠絡塢主張平為豫州刺史、樊雅為譙郡太守，他們是兩支最強大的流民武裝，此外還有董瞻、於武、謝浮等十幾支隊伍，各有數百到幾千人馬，各自為政。祖逖來到後，採取拉攏一派打擊一派的方法，大力削弱流民武裝。他先引誘謝浮進攻張平，殺掉了張平。樊雅大驚，在一個夜裡突襲祖逖，攻破了北伐軍的營壘。樊雅拔戟大呼，親自衝向祖逖的營帳。北伐軍大亂，祖逖在危急時刻展現出了梟雄本色，命左右列陣防守，從容指揮部下反擊，擊破了樊雅。樊雅失敗後，聯合張平餘眾繼續與祖逖作戰；祖逖則聯合自封陳留太守的塢主陳川與之對抗。陳川派遣部將李頭率兵增援祖逖。雙方聯軍攻克譙城。戰鬥中李頭勇敢向前、戰功赫赫，戰後祖逖得到了樊雅的坐騎駿馬，李頭很想要卻不敢說，祖逖知道他的意思後主動送上門去。李頭感念祖逖的恩遇，嘆息道：「若得此人為主，吾死無恨。」陳川知道後，大怒，這不是吃裡扒外嘛！他竟然因此殺

死了李頭，李頭的部下四百人逃奔祖逖。陳川更生氣了，與祖逖決裂，派兵劫掠豫州諸郡，搶劫人口車馬。祖逖指揮軍隊制止陳川部隊的搶劫活動，陸續剿滅搶劫的兵丁，將贓物盡量物歸原主，嚴明紀律，不讓北伐官兵留有私產。

陳川自忖戰勝不了祖逖，向石勒投降。祖逖聞訊，率眾討伐陳川，石勒派石虎領兵五萬救陳川。祖逖北伐正式進入與外族作戰的階段。這是永嘉南渡以來，晉朝軍隊第一次與外族軍隊正面作戰。祖逖兵少，追求巧勝，屢次埋伏石虎，取得小勝。雙方相守四旬，北伐軍的糧草接濟不上——他們離江南基地越來越遠，軍需運輸困難，而司馬睿政權本身就沒給予多少軍需支援。祖逖知道石虎的軍需也很困難（後趙政權的經濟基礎不行），就看敵我雙方誰先支持不住了。他想出一條計策來，用布囊盛土做出米袋的模樣，派千餘人佯裝運糧，途中令幾個人裝出疲憊的樣子脫隊在路旁休息。後趙軍隊看到後，上前進攻，那幾個人趕緊放下米袋逃跑。偏偏這幾個人運的米袋裝的是真米，石虎檢查截獲的米袋，誤以為北方軍糧草充足，頓時對戰鬥前景失去了信心。石勒得知前線缺糧，派將軍劉夜堂趕了上千頭驢運糧支援石虎。祖逖在汴水伏擊劉夜堂，俘獲後趙軍糧。石虎更是喪失了堅持的勇氣，主動撤軍了。北伐軍推進到雍丘（今河南杞縣）。

此後，祖逖和石勒在雍丘僵持了起來。祖逖多次主動進攻，讓後趙的屯戌防不勝防。北伐軍偵察兵常常俘虜後趙領土內的濮陽人，祖逖款待後遣歸故里。這些人回去後感念祖逖的恩德，陸續率鄉里投奔北伐軍。陸陸續續北方有五百家投奔祖逖。石勒曾經抽調精騎萬人進攻祖逖，希望有所斬獲，結果反被祖逖所敗，此後陷入被動防守態勢，再無主動進攻。

北伐形勢一片大好，歸附者甚多。當日黃河南北趙固、上官巳、李矩、郭默等流民武裝相互攻擊，祖逖遣使為他們和解，曉以民族大義和切身禍福。這些流民武裝都接受祖逖的指揮。黃河北岸有許多堡壘的塢主不得不送兒子在後趙政權中當人質，不能旗幟鮮明地投靠祖逖。祖逖也悉聽尊便，默許他們的「兩屬」狀態，有時還派遣小股部隊佯攻這些堡壘，讓後趙知道他們沒有投靠北伐軍。塢主們對祖逖的細心考慮感恩戴德，更加傾心北伐軍，後趙政權有什麼計畫和陰謀事先都偷偷報告祖逖。北伐軍的優勢更加明顯了。

由於祖逖指揮得當，手腕靈活高超，「黃河以南盡為晉土」。

二

北伐的勝利讓東晉復國大業現出了一絲曙光。祖逖收復了河南，現在的山西北部和河北北部一帶也還在晉朝殘餘勢力手中。在領土格局上，晉朝力量對河北的石勒政權和關中的劉曜政權形成了夾擊的態勢。

先前，堅守河北北部的是西晉任命的幽州刺史王浚。王浚利令智昏，自以為掌握幽州天高皇帝遠，自不量力，妄想割據，最後被石勒吞滅，遺臭萬年。堅守山西北部的就是當年和祖逖一起聞雞起舞的劉琨，時任并州刺史。劉琨的并州刺史是劉淵在并州建國、司馬騰帶領山西軍民東出「乞活」，并州十室九空的情況下上任的。他在黃河邊上組織了幾百士卒，邊打邊走穿越匈奴的領土才趕到晉陽（今山西太原）上任的。劉琨有愛國之心，在晉陽慘淡經營，與劉聰、石勒兩派不斷拉鋸作戰。

晉愍帝遙授劉琨為司空，都督并、冀、幽三州諸軍事，把北方的亂局託付給了他。遺憾的是，劉琨志大才疏，富貴慣了，生性豪奢，又誤信讒言，始終不能團結并州軍民組建強而有力的軍隊，最終還是被石勒趕出了并州。段氏鮮卑傾向晉朝，劉琨向北投靠了鮮卑，並和段匹磾歃血為盟，結為兄弟，發表檄文號召各族擁戴晉朝。西元三一七年，劉琨派妻姪溫嶠到建康報告北方情形，並勸司馬睿即位做皇帝。臨別，劉琨對溫嶠說：「晉祚雖衰，天命未改，我當立功河朔，使卿延譽江南。」溫嶠後來果然在江南舉足輕重、盛譽一時。劉琨聽到老友祖逖北伐成就斐然，高興地致信祖逖：「我夜間都枕著兵器睡覺等天亮，一心期待消滅敵人，如今你跑到我前面去了。」他時刻準備殺敵，天不佑他，第二年被背信棄義的段匹磾殺害，時年四十八歲。他的死意味著晉朝勢力在華北地區全軍覆沒。

劉琨死後半個世紀，桓溫北伐遇到一個善於手工的老婢，原來是劉琨的伎女。老婢一見到桓溫，潸然而泣。桓溫問其故，老婢回答：「桓公酷似劉司空。」桓溫十分高興，出外整理衣冠，再呼老婢進來詳細詢問。老婢又說：「桓公和劉司空面甚似，恨薄；眼甚似，恨小；鬚甚似，恨赤；形甚似，恨短；聲甚似，恨雌。」意思是桓溫還是比不上劉琨。桓溫於是褫冠解帶，昏然而睡，不高興了好幾日。可見劉琨身後聲望之高。

卻說祖逖北伐初勝後，立志將河南建設為根據地。他的豫州刺史開始名實相符，為政儉樸節約，自己廉潔自律，不蓄私產；勸督農桑，恢復農業生產，親自率領子弟耕耘砍柴，又收葬枯骨，為之祭醊。亂後初定的豫州百姓紛紛擁戴祖逖。祖逖曾置酒大會相親，豫州耆老流涕放歌：「幸哉遺黎免俘虜，三辰既朗遇慈父，玄酒忘勞甘瓠脯，何以詠恩歌且舞。」司馬睿不得不提升祖逖為鎮西將軍。

石勒處於劣勢，不敢窺兵河南。他採取務實的通好政策，派人修繕了成皋縣的祖逖母親墓地，寫信給祖逖要求相互通使、交市。石勒是不共戴天的仇敵，且被朝廷視為蠻夷，祖逖自然不能與之通使交好。這雖然是形式問題，卻關係政治大局。但交市通商有利於南北方百姓，也有利於河南經濟的恢復和發展。祖逖耍了個手腕，對石勒的來使置之不理，對南北方自發的通商交往也不加制止，聽任互市。河南百姓在互市中獲利十倍，民富而政府強，很快河南就公私豐贍，北伐軍強盛。祖逖滿懷信心地要「推鋒越河，掃清冀朔」。

太興四年（西元三二一年），晉元帝司馬睿派戴淵為征西將軍、都督司兗豫并雍冀六州諸軍事、司州刺史，這就在祖逖的豫州刺史上面加了一道緊箍咒。祖逖認為這是朝廷派來監督他的，對他不信任。祖逖猜對了一半。面對聲望和軍隊都成倍增長的祖逖，司馬睿不能不心裡酸酸的，手心發汗。戴淵出身東南寒門，必須依賴司馬睿來獲取權勢，所以效忠司馬睿。司馬睿需要的是戴淵。祖逖沒有猜到的是，司馬睿派戴淵到河南搶奪勝利果實，除了監視祖逖還有分割琅琊王家權勢，防範荊州王敦的目的在。祖逖過分關注北伐，幾年來對東晉王朝的政治格局缺乏了解，自然不清楚司馬睿的第二個目的。祖逖見戴淵是南方人，雖有才望但並不熱衷北伐。河南收復後形勢大好，如果拖延過久不再接再厲，一旦民心洩氣石勒緩過勁來，北伐難度將大為增加。可是北伐已經不是自己說了算的，祖逖只能怏怏不樂。

戴淵出鎮河南，王敦的反應最強烈，表露出與朝廷公開決裂的態勢。祖逖擔心朝廷將起內訌，更加拖累北伐大業，憂慮過度而發病。

在病中，祖逖還在籌劃進一步北伐。他營繕了武牢城，該城北臨黃河，西接成皋，計劃建設成向北向西進軍的據點，又在河南築壘，鞏固

戰果，以備北伐失利時堅守。城沒修成，祖逖在雍丘病逝，時年五十六歲。豫州百姓若喪考妣，百姓為之立祠。朝廷追贈祖逖為車騎將軍。據說王敦久懷逆志，畏懼祖逖的北伐軍才不敢與朝廷決裂，聽到祖逖死訊後王敦開始肆意作亂。

　　祖逖原本可以在東晉獲得絲毫不遜於劉琨的聲望，可惜接替他的祖約日後率領這支流民武裝參加叛亂，又投降了石勒，祖家被族誅，間接損害了祖逖的聲譽。隨著時間的推移，祖逖以身為無私的愛國者和無畏的戰士之姿越來越得到後人的尊崇。

王與馬不敢共天下

一

西晉末年，八王兵戎相見，天下大亂。山東琅琊國臨沂（今山東臨沂）的王家決定舉族遷徙到相對安定的東南地區去。王家的王導即將渡過淮河的時候，擔心前途，找到大占卜家郭璞算命。郭璞算了一卦，說：「吉，無不利。淮水絕，王氏滅。」於是王家高高興興南下去了，果真如郭璞所言在南方繁衍生息，成為南朝第一大名門望族。

王家的舉族遷徙，只是發生在西元三一〇年前後著名的永嘉南渡的一部分而已。

在永嘉南渡中，許多北方的名門望族、朝野大臣帶著族人，裹著金銀細軟，吆喝著家丁下人和家禽家畜，逃過淮河，來到了長江下游沿岸。亂哄哄的這股移民潮，為東南地區帶來了近百萬新人口。琅琊王氏除了王導外，還有王廙、王含、王舒、王彬等兄弟和王羲之、王胡之、王彪之等子姪輩，通通搬遷到了原來的東吳舊都建業（今江蘇南京）。王家在秦淮河邊一條叫烏衣巷的街道裡聚族而居。來自陳郡的謝家緊隨而來，也搬到了巷子裡，和王家當起了鄰居。

此時的王家，還只是晉朝若干二流家族之一，和政治權力的關係並不緊密。琅琊王家最大的驕傲是家族道德凜然，家風高尚。王導的曾祖母朱氏是曾祖父的續弦，對王導的伯祖父王祥和祖父王覽極盡虐待之能事。王祥兩兄弟無怨無悔，真心侍奉後母。朱氏就變著法子地折磨兩個孩子。寒冬臘月，朱氏深夜要吃魚，逼王祥去捉活魚。王祥跑到河邊，開始鑿厚厚的冰層，準備捕魚。不料，冰面自動裂開，兩條鮮活的鯉魚

蹦到王祥腳下。這就是《二十四孝》中「臥冰求鯉」的故事。王覽則進入了《二十四悌圖》，為了防止朱氏毒死王祥，每次飯前他都替兄弟嘗毒。兄弟倆的道德故事感天動地，驚動了以道德作為選拔官員標準的漢朝政府。東漢政府多次徵辟兩兄弟做官，都被兄弟倆拒絕了。直到年老了，王祥才千呼萬喚始出來，出任了曹魏王朝的徐州別駕。這是琅琊王氏家族步入政壇的開始。

可見，王家的政治根基並不深。但他們一來沒有「歷史汙點」，沒有政治冤家和夙敵，二來樹立了超高的道德標準，掌握了官場升遷的利器，官越當越大。王祥、王覽兩人先後擔任了朝廷重臣。等到甘露五年（西元二六〇年），司馬昭發動政變，殺死小皇帝曹髦的時候，圖謀篡位的司馬家族已經不得不考慮王家的意見了。當時小皇帝的屍體還沒有入殮，司馬昭一再催促王祥來商量後事。王祥很聰明，來了後先抱著小皇帝的屍體大哭一場，自責救駕來遲，可是又贊同司馬昭的後事安排。在這裡，王祥為家人樹立了既重視道德說教，又注重政治實效的好榜樣。王祥死前，對王覽說：你的後人會大紅大紫的。果然王覽的孫子輩飛黃騰達。先是王衍擔任了太尉，成為掌權人物，再是王澄出任荊州刺史，王敦出任青州刺史。王衍很得意地說：「荊州有江、漢之固，青州有負海之險，卿二人在外，而吾留此，足以為三窟矣。」王衍這個人平日裡不做正事，迎合西晉初年社會思想觀念開始從儒家道德向虛幻的玄學轉變的趨勢，整天拿著一把拂塵誇誇其談，信口雌黃。暗地裡，王衍意識到了危險，早設計了王家「狡兔三窟」的退路，得到了祖父輩的真傳。王家政治上崛起的時期，正是西晉八王之亂時期。王衍後來被石勒抓住，壓死在牆下。但是王導、王敦等人有了博取進一步榮華富貴的扎實基礎。

二

　　王導這個人，是東晉王朝和琅琊王家的關鍵人物。他繼承了王家與人為善，為政務實的作風。在王朝南遷、萬事草創的東晉初期，王導的這一性格和執政思想，適應了形勢的需求。一個初建的王朝最需要什麼？安定。這種安定既包括政治軍事上的安定，也包括人心上的安定。南北方世族勢力之間的矛盾，中原少數民族對南方的覬覦，都威脅著東晉的安全。王導覺得，內亂也好，北伐也好，都會為脆弱得經不起折騰的新王朝帶來致命的危險。最好的對策就是以不變應萬變，不出亂子就好。所以王導的執政核心就一個字：靜。調和南北方世族的關係，在政策上清靜無為。

　　王導經常大擺筵席、款待賓客。鄰居謝家的小孩子謝安在若干年後依然對王導談笑風生的形象和王家氣氛和洽的酒席留有深刻的印象。一次，南方名士劉真長來拜訪王導。時值盛夏，王導正把大腹便便的肚子貼在棋盤降暑。他看到劉真長來，忙自嘲自己的不雅動作，說：「何乃淘？」淘是南方方言中冷的意思，整句話就是「真涼快」的意思。劉真長出來後，旁人問他：「王公這個人怎麼樣啊？」他感嘆：「沒有什麼特別的，只是聽到他在說吳語。」小小的一句吳語，一下子就拉近了政府和南方世族的距離。還有一次，眾人在長江邊的新亭觀賞江南美景。周顗感嘆道：「風景沒什麼不同，但卻只能看到長江，看不到黃河了啊！」想起國破南逃，在座的許多人落下淚來。王導見狀愀然變色：「當共戮力王室，克復神州，何至學作楚囚，相對哭泣！」王導其實是不贊成北伐的，但他能用一句口號振奮人心，扭轉士氣，不愧有政治家風度。

朝廷剛成立的時候，國庫空虛，只有練布數千端。王導靈機一動，做了一套寬大的布衣服，穿在身上出去走了一圈。結果，朝野官員和建康的士人認定這是服裝界的新風尚，紛紛購買練布做衣服。國庫中的練布很快就以「一端一金」的高價銷售一空。府庫充裕了，王導在士人中的號召力也得到了驗證。

　　正是因為王導有這樣的號召力，他的思想和言行直接影響了東晉人的世界觀和處世態度。王導的執政，客觀上「鎮之以靜，群情自安」，把「靜」和「無為」抬到了極高的地位。東晉的政局和人心得到了穩定，但政壇的進取心和事業心也受到了壓抑。對於世族大家來說，平靜固定的統治符合他們的利益。因為他們是既得利益者，在王導時期擴充了政治和經濟利益。可是隨著時間的推移，我們會看到，世族勢力在南朝惡性膨脹，大家族大人物們以清談玄學為風尚，恥於進行具體政務了。南方各大家族（包括琅琊王家）日後的思想轉變，多少是由王導推動的。

　　司馬睿登基之日，感慨萬分，對王導的輔助和擁立之功深深感激。他竟然在莊嚴肅穆、百官佇列的時候，拍拍龍椅的空處，招呼王導「升御床共坐」。當皇帝哪能是排排坐分果果的事情，王導連忙推辭。司馬睿招呼他三四次，言辭懇切。王導眼看再僵持下去，登基大典要泡湯了，只好跪地啟奏：「如果天上的太陽和地下的萬物一樣升列高位，蒼生到底要仰望哪一個呢？」司馬睿一想，原來皇帝是天上的太陽，一天的確不能有二日，這才不再堅持要王導同坐了。民間用一個俗語形象地形容這一幕：王與馬，共天下。這句俗語恰如其分地表現了當時王家的權勢。東晉初期，司馬睿完全信任王導，叫他「仲父」，把他比作自己的蕭何。王導也經常勸諫司馬睿克己勤儉，優待南方，與人為善。司馬睿和王導在草創期上演了一場君臣相敬相愛的佳話。琅琊王家也達到了權勢的高

峰，除了王導擔任丞相，王敦控制著長江中游，兵強馬壯；四分之三的朝野官員是王家的人或者與王家相關的人。另外，王家在南朝時期出了八位皇后。王導主觀上不敢與司馬睿共坐龍椅，但說王家和司馬家族共享天下，也並不過分。

等司馬睿坐穩了龍椅，慢慢開始享受獨一無二的太陽的感覺後，開始對「王與馬，共天下」的傳言產生了酸酸的感覺。王家勢力的膨脹侵犯了皇權獨尊的敏感神經。司馬睿開始暗中限制、削弱王家的勢力。他提升重用琅琊王時的王府舊人劉隗和刁協。劉刁兩人沒什麼本事，但對尊馬抑王一事不遺餘力，不斷出頭打壓王家勢力。

王導被疏遠了。我們知道王導既與人為善又很務實，面對皇權的打壓，他採取了謙抑自守對策，退居家中靜觀時局變化。司馬睿一時也找不到理由，也不想進一步把王導怎麼樣。可是王導忍得了，堂兄弟王敦就忍不了。王敦和王導是兄弟，性格則截然不同。王導主靜，王敦好動。他放蕩不羈，性情外露，對王家受到打壓憤慨難平，並把怒氣表現了出來。鑑於王敦控制著長江中游各州的政權和軍隊，司馬睿派劉刁二人出任地方刺史，企圖箝制王敦的勢力。這一下，王敦乾脆造反了，招呼兄長王含等人帶上大軍，順江而下，衝向建康找司馬睿等人算帳。

對王導來說，司馬睿的打壓不是什麼大問題，王敦的造反卻帶來了棘手的大麻煩。造反是誅滅滿門的重罪。王導趕緊寫信給領軍衝在前面的王含，勸他罷手。王敦、王含等人堅持造反。王導只得選擇堅定地站在司馬睿一邊，反對王敦等人造反。王導認為東晉初建，安定是最大的王朝利益；王家還不具備推翻東晉，出頭當皇帝的實力，必須依靠東晉政權，才能保持權勢。所以，王導從琅琊王氏的安全和最高利益考慮，必須與王敦劃清界限，擁戴司馬睿。聽說劉隗和刁協已經在勸司馬睿誅

殺王導和王家的所有成員了，王導趕緊帶上王邃、王彬、王侃等在朝廷任職的王氏宗族二十多人，每天跪到宮門外候罪。

王家的危險得到了許多朝臣的同情。王導平日經營的人情關係在關鍵時刻發揮作用了。尚書僕射周顗就認為：「皇帝又不是神仙，怎麼可能不犯錯呢？但大臣（指王敦）怎麼可以舉兵造反？」他決定進宮保王導等人。周顗來到宮門口，王導情急之下衝著他大呼：「伯仁（周的字），我一家老小百餘口性命都交到你手上了！」周顗是來幫王家的，卻不能把它外露出來，讓司馬睿覺得自己就是來當說客的——這是說服的技巧。所以周顗看都不看王導，從他身邊直接進宮去了。在宮中，周顗竭力向司馬睿擔保王導的忠誠，言辭懇切。本來，勸完皇帝，周顗可以出來安慰王導了。可是周顗是個酒鬼，在宮中喝得酩酊大醉才出來。王導在宮外跪了一天，又向周顗呼救。大醉的周顗還在偽裝，這次不但不搭理王導，還轉頭對隨從說：「我要殺盡亂臣賊子，換取金印，掛在手肘後！」在這種情況下，換了誰，都會對周顗產生誤會。王導就對周顗恨之入骨，不知道他在力保自己，更不知道他回家後還上書力證王家無罪。在周顗等人的力保下，司馬睿在宮中召見了王導。王導跪地請罪：「逆臣賊子，何代無之，不意今者竟出臣族！」司馬睿被感動了，光著腳走下龍椅，扶起王導，拍拍他的手，表示絕對相信王導。

王家的危機解決了，不想王敦的軍隊攻占了建康。劉隗和刁協一個逃亡北方，一個被殺。王敦把持了朝政，官員進退操於其手。王敦因為周顗聲望很高，想讓他出任三司，特地跑來徵詢王導的意見。王導沒說話。王敦就想降低任用周顗，王導還是沉默。既然周顗不能用，王敦說：「那就只有殺掉了。」王導依然不說話，看著王敦下令斬周。後來王導從文書中得知真相，大哭道：「我雖不殺伯仁，伯仁因我而死。」

　　王敦的叛亂，並沒有為東晉王朝造成太大的傷害。只有少數人死於戰亂，朝野官員基本各安其位。司馬睿依然做他的皇帝，只是王敦不願意見他。繼續當丞相的王導就在王敦和司馬睿之間充當溝通的橋梁，努力維持著朝廷的穩定。對於王敦進一步擅權逼宮的做法，王導堅決抵制。王敦起初也沒有自己做皇帝的想法，不久退兵長江中游，局勢進一步降溫。不想，王敦退兵後身體越來越差，在周邊宵小的蠱惑下，重新發兵進攻建康。這次他擺出了傾覆朝廷的樣式。王導再次堅決站在司馬睿一邊，主動掛帥，提兵與王敦叛軍作戰。王敦隨即病死，兄長王含、繼子王應被殺，叛亂徹底消除。

　　王導對策得當，讓琅琊王家非但沒有受牽連，還因討伐王敦有功被加官晉爵。王導以司徒進位太保，王舒升湘州刺史，王彬任度支尚書。王家跨過這道難關，保持了天下第一望族的地位。

三

　　王敦之亂後，王導身為世族大家的代表和朝廷的穩定中堅，繼續存在。

　　王導的老搭檔司馬睿在王敦第一次叛亂後不久鬱悶而死。王導等人擁立太子司馬紹即位。司馬紹當了三年皇帝，也死了。王導等人又擁戴五歲的皇太子司馬衍即位。

　　司馬紹臨死前，考慮到繼承人年幼，留下遺詔，讓太保王導錄尚書事，與小舅子、中書令庾亮一同輔政。司馬衍即位，司馬紹的皇后庾氏以皇太后身分臨朝稱制。庾亮仗著庾太后的勢力，很快就把實權集中到

了自己家族手中。儘管王導是三朝元老，皇帝對他下詔書都是用敬語，但王導離實權越來越遠了。見慣榮辱浮沉的王導淡然處之。庾亮是個有很多想法的年輕人，雄心勃勃。有人曾經向王導進讒，說庾亮可能舉兵擅權，對王導不利，勸王導多加防備。王導說：「他若逼我，我就一身布衣服，回家養老去，有什麼可怕呢？」後來蘇峻起兵叛亂，建康遭焚。朝廷一度考慮遷都，有人建議遷都豫章，有人要求南遷會稽。王導則哪裡都不去，堅持定都建康。許多朝臣對照王導的恬淡無爭，引為榜樣。之後儘管東晉屢次出現政治變動，朝廷始終保持了大致穩定，變動也沒有波及普通百姓的生活。王導的「靜」和「無爭」在其中造成了不小的作用。朝廷一有動靜，政治一有裂縫，他就出面調停。

東晉朝臣為晚年的王導起了一個雅號：糊塗宰相。原因是王導每年考察官員的時候，都流於形式，考察的結果你好他好大家好。有人有意見，王導就說，害國之魚我們都能容忍，何必每年糾纏於那些小魚小蝦呢？的確，王導的一生對威脅王朝利益的大問題都採取拖延、打太極的對策，讓時間去消化它們，根本就沒必要在每年的官員考核上較真。他晚年常說：「現在說我糊塗，只怕將來有人還要懷念我的糊塗呢！」

咸康五年（三三九年），王導病逝，終年六十四歲。

王導一生最大的成就是建立了「王與馬，共天下」的權力格局。他堅定地認為只有司馬家族的東晉王朝穩定了，才有琅琊王氏遮風擋雨的地盤。結果王導輔助司馬家族為王家贏得了一份遠遠超過了遮風擋雨需要的大地盤，風光得很，都可以和皇帝「排排坐分果果」了。好在王導是個成熟老練的政治家，恭敬自律，沒有反稱司馬睿「你真是我的劉邦啊」，更沒有跑上去坐在龍椅上拍拍司馬睿的肩膀套關係，所以琅琊王家在東晉初期根基日漸深入，繁衍昌盛。

豪傑王敦的「過豪死」

一

西晉末期，豫章郡（今南昌）曾經發生一樁震驚一時的凶殺案。揚州刺史王敦殺害了途徑豫章去建業的堂兄、曾任荊州刺史的王澄。

事情是王澄挑起的。他在荊州當地頭蛇當慣了，加上性格桀驁不馴、出仕比王敦早，所以在豫章盛氣凌人，對王敦很不客氣，多有謾罵之語。王敦也是桀驁不馴的人，也很傲慢，竟然對堂兄弟起了殺心。可是王澄功夫不錯，隨身帶有玉枕自衛，還有衛士二十人，如何下手呢？知情者描述是這樣的：王敦先招待荊州的衛士痛飲，將他們灌醉，然後向王澄借玉枕「欣賞」。拿到玉枕之後，王敦臉色突變，隨即誣陷王澄叛亂，要就地正法。王澄發覺上當，馬上撲過來和王敦拚命。王敦被他撕掉了衣帶，成功逃脫了。在激烈打鬥中，王澄爬上了房梁，對王敦破口大罵，可惜寡不敵眾，被王敦帶人殺死了。這樁血案將王敦的豪傑性格暴露無遺。

王敦性格的形成有複雜的社會背景。首先，他出身世族大家，擁有很高的政治立足點和寶貴的政治財富。世族大家對子孫的影響，一是從豐富的政治實踐中得出的經驗教訓，累積的做事穩重、言行成熟的風範（王導就繼承了這點）；二是豪邁爽快，言談睿智，行為瀟灑的風範（王敦主要繼承了這點）。其次，當時社會清談瀟脫的風氣，對王敦影響深刻。王敦從小就是個瀟灑的公子哥兒，放蕩不羈，豪俠仗義，自尊心強，睚眥必報，是那種一眼就能從人群裡看出的焦點人物。長大後，王敦名列清談名士行列。在講述魏晉士人豪爽瀟脫風範的《世說新語》

一書中，他是當仁不讓的主角之一。按照現在的心理分析，王敦是個無畏的破壞者，不為世俗和他人所約束，勇往直前，所向豪邁。因此日後司馬睿可以用他來打地盤定天下。可另一方面，王敦卻不是合格的建設者。他破壞了舊的東西後提不出自己的東西，樹立新的規範。因此日後王敦位極人臣、出將拜相的時候，卻再沒有什麼作為，鮮有政績。寂寞的他只能繼續破壞，最後導致了人生悲劇。

晉武帝司馬炎曾經召集當時的名流和世家子弟，討論伎藝。在座的人都暢所欲言，爭著在司馬炎面前表現自己，只有王敦一副與己無關、滿臉不屑的樣子。司馬炎注意到這個年輕人，就問他會什麼。王敦回答說會打鼓，司馬炎就給了他一面鼓。王敦捲起袖子，離開座位，「揚槌奮擊，音節諧捷，神氣豪上」，旁若無人，自我陶醉起來。當時是滿座皆驚，司馬炎很喜歡王敦這個相貌不凡、舉止雄豪的孩子，就把女兒襄城公主嫁給了他。族兄王衍則讓王敦當上了青州刺史。

可是並不是所有的人都喜歡王敦，家族內外都有人把他看作「問題少年」。太子洗馬潘滔曾評價王敦「處仲（王敦的字）蜂目已露，但豺聲未振，若不噬人，亦當為人所噬」。（王敦的樣子不是一般人，不是害人，就是被別人害死。）王愷和石崇比富的時候，王愷宴請賓客時都讓美女陪酒，如果客人不飲就殺掉陪酒女郎。王敦去他家作客的時候，堅絕不喝酒，陪酒的美女悲聲哀求，王敦都傲然不視。先後三個陪酒美女都被殺了，王敦一直無動於衷。王導也去了，不會喝酒的他不忍心美女被殺，逼著自己一杯杯喝酒。後來，王敦去石崇家作客。石家的廁所裡有十多個婢女充當服務生。她們穿著華麗的衣服，捧著甲煎粉、沉香等東西，服侍賓客上廁所，賓客出來前還為他換上新衣服。客人們一般都不好意思在石家上廁所。王敦卻大方地接受婢女們的服侍，脫衣穿衣，

噴香抹粉，神色傲然。婢女們私下裡議論：「這個客人日後一定做賊！」

賈南風專權，將太子陷害到許昌幽禁。她下令太子離京時，官屬不得相送。時任太子舍人的王敦和太子洗馬的江統、潘滔等人卻不畏強權，公開前往相送。從青州刺史任上調回洛陽擔任中書監時，王敦將襄城公主的侍婢都分發給將士，又分發金銀財寶給部眾後才回到洛陽。可見，特立獨行的王敦身上也有令人稱讚的一面。

二

王敦這樣的人很適合亂世。

八王之亂時，王敦投靠了東海王司馬越，轉任管轄江東的揚州刺史，在南渡風潮中來到建業。司馬睿移鎮建業，短期招他為軍諮祭酒，很快復任揚州刺史，負責軍事討伐南方的異己力量。在東晉建立前後的這段時間，王敦建立了卓越的政績。他勇往直前，縱橫長江中下游各州；知人善任，重用陶侃等人數載苦戰，肅清了境內的亂匪。因為他掌握軍隊，能力不俗，更因為王家對東晉王朝的擁戴之功，王敦在東晉初年成為大將軍，都督江揚荊湘交廣六州軍事，被封為漢安侯，控制著長江中游地區，成為東晉最大的實權人物。他和王導，一個在外，一個在內，是朝廷的中流砥柱。

東晉和南朝時期，朝廷的重心是揚州（今江浙）和荊州（今兩湖）。兩地人口密集、經濟發達，又都能製造兵器軍械。其中首都建康在揚州，揚州就成了朝廷的中樞；而荊州處於上游，虎視揚州，給建康的朝

廷很大的心理壓力。如果鎮守荊州的大臣再擁兵自重，飛揚跋扈，朝廷和荊州的矛盾就難以避免了。奇怪的是，儘管朝廷對荊州刺史的人選慎之又慎，鎮守荊州的大臣不是不聽調遣不然就是野心家。

東晉建立後，王敦出鎮武昌，總管長江中游軍事和政務後，權力飛速膨脹。他既然是豪傑，就是一個閒不住的人。王導的清靜無為和朝廷的安然無事，讓王敦「淡」出心理問題來了。他不適應處理公文往來的平淡生活。同時，王敦身邊聚集了一批別有用心的部屬，比如錢鳳和沈充等寒門出身的士人，都希望藉助王敦的政治飛躍來實現各自的政治夢想。不安分的權臣身邊容易聚集奸佞小人，就像有裂縫的雞蛋容易招來蒼蠅一樣，這是中國歷史的一個小規律。同時王含、王廙等同族也聚攏在王敦身邊，恭維慫恿他，王敦開始驕橫專擅起來。

司馬睿對王家的猜忌，推動了輕狂的王敦造反。王家勢力太強大了，司馬睿提拔一批寒族來制約王家的勢力。在司馬睿的授意下，御史中丞劉隗和尚書左僕射刁協全力抑制王氏勢力，暗中做軍事部署。戴淵鎮守合肥，劉隗鎮守泗口，預防王敦順江東下。皇叔司馬承擔任湘州刺史，在南邊監視王敦。王敦對此憤憤不平，常常在酒後手持玉如意，邊擊痰盂邊吟誦曹操的「老驥伏櫪，志在千里，烈士暮年，壯心不已」，最後把痰盂都打缺了口。

王敦開始行動了。他先是上書指責司馬睿，為王導抱不平。上書送到建康後，先到達王導手中，老好人王導把它退給了王敦。王敦不甘心，第二次直接上書給司馬睿。司馬睿看完王敦的上書，更加相信王敦要發兵造反了。王敦畢竟是名門之後，先客氣地寫了一封信給劉隗。他在信中以國家大義勸說劉隗和自己聯手，共扶朝政。「聖上信重閣下，今大賊未滅，中原鼎沸，欲與您戮力王室，共靜海內。如果大家同心，

帝業得以興隆，否則，天下永無望矣！」可是劉隗是個得志小人，粗魯地回信說像他這樣的朝廷股肱之臣，是不會和王敦同流合汙的，他要效忠皇室，做個大忠臣。這分明是把王敦推到了對立面。他忘記了王敦是個自尊心很強的人。王敦果然大怒，決心給劉隗一個去地獄做忠臣的機會。於是，王敦就這麼造反了。王敦在武昌興兵東進，舉起的大旗是「清君側」。他說司馬睿寵信奸臣，弄得民不聊生，他這才出兵清除奸賊，拯救百姓的。黨羽沈充在吳興起兵響應王敦，叛軍迅速推進到建康附近。司馬睿派出的刁協、戴淵、劉隗等人，都不是王敦的對手。早在王敦起兵之初，劉隗和刁協就勸司馬睿盡誅王氏全族。司馬睿離不開王家的支持，沒有答應，劉隗等人「始有懼色」。從一開始，這就是一場最高層間的權力遊戲，劉隗這樣的初學者注定是犧牲品。三個月後，建康石頭城的守將、義興周家的周札為王敦開啟了城門，叛軍兵不血刃入城。王敦勝利了！

　　城破後，刁協和劉隗向北逃亡。刁協年老，隨從又逃散了，結果獨身被殺死在長江邊；劉隗逃亡北方，最後投靠了石勒。司馬承堅守湘州百餘日，兵敗被俘，押送建康途中遇害。

　　王敦攻入石頭城後，一時也不知道應該怎麼辦，放縱士卒劫掠（可見他破多於立）。司馬睿陷入狼狽的境地，身邊一度只剩下一個警衛將領和兩個侍中。防虎反為虎所傷，司馬睿事到如今反而看開了：「王敦沒有忘記社稷宗廟，則天下尚可共安；如果想要我的龍椅，早點說嘛！我自己會回琅琊去，何必騷擾百姓？」王敦的性格決定社稷宗廟在他心中沒有多少分量，而他又不想尊奉司馬睿這個打壓王家的皇帝。但司馬睿和王敦兩個人，誰都不能徹底離開誰。司馬睿固然需要世族支持他的政權，各個世族大家也需要司馬睿這塊招牌來遮風擋雨。各大家族還接受

不了王敦替換司馬睿登基稱帝，王敦也沒有南向稱君的準備。他沒有廢黜司馬睿，更沒有對他動刀子，而是保留了司馬睿政權。

司馬睿派公卿百官去石頭城拜見王敦。王敦絲毫不改豪傑本色、名士風範，坐在上座，先戲問手下敗將戴淵：「之前打仗，你輸了。當時還有餘力嗎？」戴淵坦言：「哪裡還有餘力，真的是力量不足！」王敦問他：「天下會怎麼看我今天的所作所為？」戴淵暗中頂了一句：「見形者謂之逆，體誠者謂之忠。」意思是說，只有真正理解你內心的人才知道怎麼回事，從表面來看是亂臣賊子所為。王敦哈哈一笑，誇戴淵是「能言之人」。王敦又對周顗說：「伯仁，你對不起我！」周顗依然滿不在乎地說：「王公舉兵，下官親率六軍，沒有成功抵擋住貴軍，致使朝廷軍隊落敗。在這一點上，我對不起你！」既然是清君側，就要殺死幾個奸臣。王敦最後挑選了周顗、戴淵殺雞儆猴，並在朝野職位上安插了若干黨羽，從法律上來說，王敦所做的真的僅僅是「清君側」，沒有絲毫違法謀逆之處。司馬睿下詔大赦，赦免參與叛亂諸人的罪過，並封王敦為丞相、都督中外諸軍事、錄尚書事、江州牧，晉爵武昌郡公。王敦對停留在朝廷處理繁瑣的政務沒有興趣，打道回武昌，遙控建康。

王敦的這一次叛亂，輕率地置王家於族誅的危險邊緣，在家族內部遭到了反對。王導戰前勸說王敦、王含罷兵，戰後努力做王敦和司馬睿溝通的橋梁，盡量讓事件平安結束。另一個堂兄弟王彬在王敦殺周顗時，公開去和周顗哭別，哭得悲切異常。王彬見王敦時，並沒有一絲悲痛之情。王敦不解，王彬回答：「我哭周顗是情不自禁。」對於王敦，王彬痛批他不義，批得聲淚俱下。王敦當場大怒，揚言要殺掉王彬。王導連忙做和事佬，拉王彬跪下謝罪。王彬卻說：「我腳有病，在天子面前都不下跪，更別說你了！」王敦差點氣暈過去，逼問：「腳疼和脖子疼，你

選一個！」王彬依然不卑不亢地看著他。王敦畢竟厚道，對同族人很客氣，沒有把王彬怎麼樣。

王敦的豪傑性格決定了他做不了政治家。王敦不屑於花時間去學習繁瑣的政治技巧、營造各種人脈關係，更沒時間像兄弟王導那樣參與實際事務。他起兵反對司馬睿，是倉促起兵，並沒有成熟的設想，更談不上詳細的善後措施了。他的成功只是反證了劉隗等人更加無能，證明了離開王敦等實力人物支持的司馬睿政權是多麼的虛弱，根本不能說明王敦的強大和正確。掌握了絕對的、碩大的權力又沒有奮鬥目標之後，王敦迅速腐化墮落。史載「敦既得志，暴慢滋甚，四方貢獻多入其府，將相嶽牧皆出其門」。他沒有收斂張揚的個性，更沒有學會穩重地處理好各方面關係，瘋狂享受著從各地搜刮來的珍寶財富和支配人事調動的樂趣。更糟糕的是，王敦寵信沈充和錢鳳，聽任他們二人胡作非為。這兩個人出身土豪，也不是政治家，得勢後「大起營府，侵人田宅，發掘古墓，剽掠市道」，把所有得罪他們的人都整死。朝野上下、官僚百姓都希望做盡壞事的沈王等人早點死去，順帶也希望王敦黨羽早點失敗才好。

建康的司馬睿經過王敦的一大打擊後，病倒了，病情越來越重，很快身亡。素來為王敦不喜歡的太子司馬紹即位，史稱晉明帝。晉明帝憋著一口氣，立志剷除王敦，王敦也看晉明帝不順眼。江南很快爆發了第二次王敦之亂，仗還在打，王敦就因病去世了。具體請見下一個專題「黃鬚鮮卑兒」。

王敦的命運很悲慘，葬入了墳墓還被挖出來，屍體被戮，腦袋被割下來掛在朱雀橋上示眾。王敦是個很有才華、很有個性的人物，是一代豪傑，弄不好還能做個開國皇帝或者割據君主。但他被過於放蕩不羈的個性，被要求安定團結的東晉政治大環境給埋葬了。

王敦之後的亂臣賊子，幾乎沒有人能夠做到他那樣的豪爽、率性、不羈和驚天動地。王敦因此成為許多雄心勃勃或者蠢蠢欲動的豪傑志士的標竿、榜樣。後來人曾說：「恨卿輩不見王大將軍！」這句話可以看作對王敦豪傑一生的莫大評價。

黃鬚鮮卑兒

一

司馬睿憂憤死後，繼位的司馬紹是整個東晉時期唯一一個算得上強勢和振作的皇帝。

司馬紹是司馬睿的庶長子，據說生母荀氏是燕趙地區的鮮卑人，出身微賤，當婢女時得到司馬睿的寵愛生下了司馬紹。司馬紹長得不像一般的漢族人，體格健壯，而且鬍鬚發黃。討厭司馬紹的王敦因此叫他「黃鬚鮮卑兒」。司馬睿的虞皇后沒有生育，按照「無嫡立長」的原則，司馬紹成了皇太子。

司馬紹從小聰慧過人，小時候司馬睿常常抱他坐在膝蓋上玩耍。一次，司馬睿問他：「太陽與長安相比，哪個更遠些？」司馬紹回答：「太陽遠，沒聽說有人從日邊來，只聽說有人從長安來。」司馬睿很驚喜，覺得兒子的邏輯推理能力很強。第二天，司馬睿宴請群臣，就想在大家面前炫耀一下兒子的聰明，當眾重新問司馬紹：「太陽與長安相比，哪個更遠些？」不料司馬紹一本正經地回答：「太陽近！」司馬睿大驚，怎麼才過了一天答案就不一樣了呢？他就問司馬紹：「為什麼呢？」司馬紹抬頭看看天空，從容說道：「舉目見日，不見長安！」

不過，考慮到司馬紹的生母荀氏出身低微，司馬睿一度想廢掉司馬紹改立寵妃鄭夫人的兒子司馬昱為太子。他的提議遭到了大臣們的集體反對。原因有兩個：第一是司馬紹個人表現無懈可擊。他禮賢下士，雅好文辭，和文士、大臣們的關係很好。王導、庾亮、溫嶠等大臣與司馬紹的關係密切。司馬紹曾和王導辯論（當時流行清談辯論），王導竟然辯

不過司馬紹。朝野臣工都喜歡司馬紹，而不了解司馬昱。第二是東晉朝廷剛剛建立，世族們都要求穩定，不想出現廢立太子這樣的波動來。穩定的要求，壓倒了一切。所以，朝野上下都說廢長立幼於理於倫不合，都稱讚司馬紹聰亮英斷，是一位好太子。周顗、王導等大臣更是言辭懇切，為司馬紹苦保太子之位。只有刁協支持司馬睿改易太子，想從中牟利。司馬睿狠下心，孤注一擲要廢司馬紹立司馬昱。他怕大臣們不奉詔，就想出一條歪主意。

司馬睿召王導、周顗入宮，等二人來了就派人請他們到東廂少歇。司馬睿計劃把王導、周顗兩個反對最激烈的重臣軟禁在東廂，讓刁協趁機將廢立太子的詔書向大臣頒布，給群龍無首的大臣們一個措手不及。等生米煮成了熟飯，王導、周顗等人只能無可奈何。司馬睿連詔書都寫好了，就等王導、周顗兩人中計。周顗嗜酒，常常喝得迷迷瞪瞪的，進宮這天正好迷糊著，拔腿就要向東廂房走去，王導卻一把撥開使者，直接走到司馬睿面前，問道：「不知陛下因何召見臣等？」司馬睿支支吾吾說不出話來，半天後從懷中取出一張黃紙詔，撕得粉碎，揚手扔掉。司馬紹的太子位就這麼保住了。這時候，周顗慚愧地慨嘆：「我常自以為勝過王導，今天才知道我不如他！」

沒當上太子的司馬昱是司馬睿的小兒子，半個多世紀後被權臣桓溫重新搬了出來，擁戴為皇帝，史稱簡文帝。這是後話了。

王敦第一次叛亂的時候，司馬紹的太子位第二次受到衝擊。王敦占領建康後，沒有廢黜皇帝司馬睿，卻要廢黜司馬紹這個太子。一方面，王敦將以此立威；一方面，王敦不希望強健聰明的司馬紹日後當皇帝，對自己不利。於是，王敦召集大家，想以「不孝」的罪名廢掉司馬紹。他述說了許多司馬紹不孝的「罪狀」，說：「這些都是溫嶠所說。溫嶠常

在東宮身邊，後來擔任我的司馬，對司馬紹一清二楚。」不一會兒，溫嶠來了，王敦威嚴地喝問他：「皇太子是什麼樣的人？」溫嶠回答：「小人沒法估量君子。」王敦聲色俱厲，憤怒地重問溫嶠：「太子怎麼能算是君子呢？」溫嶠還是說：「太子才識廣博、學問精深，確實不是我這樣認知膚淺的人所能評價的。太子能按照禮法侍奉雙親，似乎可稱為孝。」頓時，王敦理屈詞窮，廢太子之事作罷。

西元三二二年，二十四歲的司馬紹順利繼位稱帝，史稱晉明帝。也許是鮮卑血統產生了作用，司馬紹一改父親時代庸碌無為的作風，銳意進取，全心全意鞏固統治、加強皇權。他的當務之急就是剷除上游的王敦一黨。

二

司馬紹登基對遙控朝廷的王敦來說無疑是個噩耗。王敦憑藉強大的實力優勢，決定給司馬紹來個下馬威。太寧元年（三二三年），王敦諷諫朝廷徵召自己，並率大軍東移進駐姑孰湖城（今安徽蕪湖）。司馬紹還沒有力量與王敦直接對抗，以退為進，親手寫詔賜予王敦加黃鉞、班劍武士各二十人，可以奏事不名、入朝不趨、劍履上殿。司馬紹還派侍中阮孚設牛酒犒勞王敦。在這個回合裡，司馬紹身處弱勢，不卑不亢，王敦就是有篡位之心也沒有篡位的藉口。對於司馬紹的犒勞，王敦稱病不見。

暫時穩住了王敦，司馬紹需要組建自己的勢力。司馬紹登基前娶世

族女子庾氏，繼位後以庾氏為皇后，提升妻弟庾亮為中書監，分王導的權勢。那在軍事上怎麼制約王敦呢？司馬紹直接指揮的是建康附近的宿衛六軍，由紀瞻統轄。王敦第一次叛亂的時候，宿衛六軍潰不成軍，根本無法指望他們來鎮壓王敦。紀瞻也知道自己的部隊不中用，就向司馬紹推薦了流民首領郗鑒。郗鑒是高平金鄉（今山東金鄉）人，出身世族家庭，中原大亂時被家鄉百姓推為首領避難於嶧山（山東鄒城境內），抵抗石勒軍隊的進攻。他固守嶧山三年，成為山東地區碩果僅存的晉朝據點，被司馬睿遙授為兗州刺史。三年後，郗鑒實在抵擋不了石勒的進攻，率民眾南遷，沿途將武裝發展為數萬人，成為江淮主要的流民武裝之一。晉朝君臣在危難時刻想到郗鑒，是因為他是「同類人」：首先出身世族，這點在東晉時期很重要；其次，郗鑒和其他流民領袖不同，並非武人，而以儒雅著稱，飽讀詩書，和朝臣上的袞袞諸公有共同語言；第三，郗鑒在西晉朝廷做過官，和司馬越走得比較近，和司馬紹一系是同道中人。司馬紹馬上引之為外援，任命郗鑒為安西將軍、都督揚州江西諸軍，率部鎮守合肥，給予他統轄各部流民部隊的權力。（這個郗鑒後來把女兒嫁給了書聖王羲之，女婿比老丈人要有名得多。）

王敦得知郗鑒鎮守合肥，忌憚這支流民武裝。他想出了明升暗降的招數，上表朝廷推薦郗鑒任尚書令。尚書令掌握朝政政令中樞，是實際上的宰相，可惜不統軍，郗鑒如果擔任此職就失去了對本部流民的指揮權。司馬紹尚未具備和王敦翻臉的實力，不得不召郗鑒入京就職。郗鑒上任途中經過姑孰，被王敦扣留了。黨羽勸王敦殺掉郗鑒，王敦沒有聽，軟禁了郗鑒幾個月後最終放他去了建康。

王敦開始留意剷除司馬紹倚重的大臣，防備司馬紹成就氣候。溫嶠是司馬紹倚重的另一位大臣，擔任中書令。王敦就要求調溫嶠回自己幕

府擔任左司馬。司馬紹還是只能答應。溫嶠來到王敦身邊後，虛與委蛇，身在曹營心在漢。王敦對幕僚沈充、錢鳳幾乎言聽計從。沈充是吳興沈氏子弟，企圖依靠王敦來提升家族權勢，前往東南地區推行王敦的政策。他聽命王敦，殺戮義興周氏，蓄養力量，準備配合王敦奪權。長期在王敦身邊的就是錢鳳。溫嶠假意和錢鳳交好。錢鳳出身寒門，也仰仗溫嶠提升名望。溫嶠就逢人稱讚：「錢世儀（錢鳳的字）精神滿腹。」錢鳳大喜，和溫嶠成了好朋友，在王敦面前力保溫嶠。溫嶠在王敦身邊擔任左司馬有驚無險。

　　恰好丹陽尹出缺。丹陽尹雖是一郡太守，但因為轄區內有首都建康和長江要害，地位相當重要。溫嶠有意競爭丹陽尹，藉機逃離王敦，就對王敦說：「丹陽是咽喉之地，朝廷任命的人不會和明公一心。明公宜自選其才。」王敦覺得有理，就問溫嶠：「誰能夠勝任？」溫嶠馬上推薦了錢鳳。錢鳳以為是溫嶠抬舉自己，投桃報李，推舉溫嶠擔任丹陽尹。溫嶠佯裝推辭，王敦不聽，奏請溫嶠出任丹陽尹，為他設宴餞別，暗中囑咐他窺察朝廷動靜。溫嶠擔心走後錢鳳醒悟過來制止自己上任，在宴會上為錢鳳敬酒的時候佯裝酒醉，用手板擊落錢鳳的頭巾，變臉斥責：「錢鳳，你是什麼人，我溫嶠祝酒你膽敢不喝？」王敦以為溫嶠醉了，把雙方勸解開。溫嶠在向王敦道別時涕淚橫流，三次出門三次返回，無限眷戀。第二天，錢鳳果然想明白了，提醒王敦：「溫嶠與朝廷關係極為密切，並且與庾亮有深交，不能信任。」王敦反而責備錢鳳：「溫嶠昨天醉了才斥責你的，你怎麼能轉身就詆毀他呢！」溫嶠安然回到建康，把王敦的虛實和陰謀一五一十告訴了司馬紹。王敦知道受騙，勃然大怒，大罵溫嶠。

　　王敦喜歡姪兒王允之，留他在身邊。一天，王允之在王敦的床上休

息，聽到王敦在外面和部下討論篡權的計畫。王敦突然想起床上還有王允之，趕緊過來查探。王允之早有準備，倒頭假睡，還摳出口水沾染被褥床單，讓王敦相信自己熟睡多時，騙過了王敦的迫害。後來，王允之回家告訴了父親王舒，王舒和王導商量後報告了司馬紹。所以，王敦的篡位計畫在家族內部都沒有得到支持，且早在司馬紹的掌握之中。

西元三二四年，王敦的身體狀況越來越差。人將死的時候，頭腦都特別清醒。王敦意識到自己和王家的力量都不能推翻東晉王朝，而在無力推翻朝廷的前提下做個與朝廷不和的權臣是沒有前途的。病重的王敦很明白自己的繼子王應年紀很小，擔心自己死後王應掌控不了部隊。他為部屬設計了上中下三策：上策是解散軍隊，歸身朝廷，保全門戶；中策是退兵武昌，屯兵自衛，同時和朝廷和睦共處；下策是趁著自己還活著，集中全力推翻朝廷，萬一僥倖就能開創一個新王朝了。錢鳳和沈充等人要的是當開國元勛，要的是榮華富貴，一致認為王敦的下策是上策，決定挾著王敦的餘威，興兵作亂。

王敦身不由己，便由著下面的人造反。他自命為揚州牧，並大肆任命黨羽為朝官和地方官吏。王敦沒有兒子，兄長王含把兒子王應過繼給他。現在，王敦假傳聖旨拜王應為武衛將軍，拜王含為驃騎大將軍，讓沈充在江東起兵響應。司馬紹於是正式下詔討伐王敦。王敦理當迎戰，無奈身體每況愈下，只好委派王含率領水陸大軍，氣勢洶洶殺向建康。第二次王敦之亂爆發。

戰爭開始後，司馬紹著戎裝跨駿馬，僅帶兩名隨從去王敦大營，仔細偵察營中虛實。當時，王敦正臥床觀書，累了以後打盹，迷迷糊糊中夢見太陽在營壘上空盤旋。他心中一動，醒來驚呼：「此必黃鬚鮮卑奴來也！」馬上派出輕騎搜尋營壘附近。王敦部下士兵也發現有晉軍探子偵

查，覺得司馬紹不是常人，向上報告。司馬紹三人很快就被王敦的騎兵追上了。情況緊急，司馬紹看到路邊有個老太太，就把御用的七寶鞭遞給她，囑咐說如果有騎兵追來就拿鞭子給他們看，然後他們又用冷水把馬糞澆透才騎馬再逃。一會兒，追兵趕到，看到老太太就問有沒有看到一個黃鬍鬚的騎馬人經過。老太太說看到了，跑過去很久了，說完把七寶鞭拿給追兵看。七寶鞭鑲金嵌玉，引起追兵圍觀，追兵又發現馬糞已冷，相信司馬紹已經跑遠，放棄追趕，怏怏而還。

司馬紹回到建康，郗鑒建議朝廷徵召蘇峻、祖約等入衛京師。司馬紹採納了。蘇峻、祖約等人覺得王敦勝算不大，紛紛出兵飲馬長江，護衛建康。在軍力對比上，王敦並不占優勢。諷刺的是，王導是政府軍方面的大都督，總督各軍與王敦作戰（這也算是司馬紹過人之處）。我們知道王導是個頭腦很清醒很務實的政治家，知道王敦病重且失去了人心，就堅定地站在了司馬紹的一邊。他揚言王敦已死，帶著建康的王氏家族子弟為王敦發喪，讓大家以為王敦真的死了。政府軍士氣大振，叛軍氣焰下挫。司馬紹適時下詔數王敦之罪，表示除了要治罪王敦和錢鳳，「餘眾一無所問」！

王敦見詔暴怒，病勢更加沉重，不能統兵打仗，命令王含起兵。西元三二四年秋七月，王含率水陸大軍五萬殺向建康，攻至長江南岸。溫嶠則焚燒秦淮河上的浮橋，率軍固守北岸。司馬紹意氣風發，要帶兵應戰。郗鑒拉住他，建議堅守建康，以逸待勞，等王敦軍隊銳氣過後再聯合援兵痛擊。司馬紹還是組織勇士，夜渡秦淮河偷襲王含大營，大敗之。王敦聽到王含失利的消息，哀嘆：「我兄長就是個老婢；門戶衰敗，大勢去矣！」他使出最後的力量，要親赴前線，無奈病入膏肓，掙扎起來後馬上又躺倒在地，壽命將盡了。臨終前，王敦叮囑王應：「我死後祕

不發喪，一定要把建康打下來！」說完，王敦病死，時年五十九歲。

　　嗣子王應果然不替王敦發喪，草草埋在營帳中，然後自己去花天酒地，盡量享樂去了。紙包不住火，幾天後大軍不見指揮和命令，面對晉軍的攻勢節節敗退，漸漸知道王敦真的死了，兵敗如山倒。王含、王應和錢鳳倉皇西逃。另一個黨羽沈充正從東邊向建康進攻，無奈大勢已去，逃亡途中被舊將所殺，首級傳給朝廷。錢鳳逃到江州，被地方太守所殺。王含、王應拋棄王敦親手帶起來的軍隊，一路逃到荊州投靠族人、荊州刺史王舒。王舒不是王敦那樣的豪傑，也不是王含那樣志大才疏的小人，做出了最平穩的選擇：大義滅親。王舒把王含父子倆痛毆一頓後扔進長江餵魚去了。王敦勢力煙消雲散了。

　　平定王敦之亂是晉明帝司馬紹最大的政績。戰後，他果真沒有株連他人，凍結對王敦黨羽的追究。王敦之亂在戰爭期間並沒有造成大的破壞，戰後又沒有株連殺戮導致社會動盪，整個南方付出的成本比較少。司馬紹處理得當，得到了世族大家和百姓的支持。之後，司馬紹一度寵愛美人宋禕。宋禕國色天香，善吹笛，是石崇愛妾綠珠的弟子。宋禕沒有名分，且司馬紹的寵愛有些過分，群臣紛紛進諫，要求驅逐宋禕。司馬紹也能忍痛割愛，竟然問群臣誰想要宋禕。群臣面面相覷，最後吏部尚書阮遙斗膽提出了請求，司馬紹還真把宋禕送給了阮遙。

　　太寧三年（三二五年）秋，晉明帝司馬紹病死，只有二十七歲。太子司馬衍繼位為帝，史稱晉成帝。

有槍就是草頭王

一

蘇峻是山東掖縣人，是一方世族，擔任過郡主簿。北方大亂時，蘇峻聚攏了家鄉百姓結壘自守，後來在永嘉南渡的大潮中率部眾泛海南行來到廣陵（今江蘇揚州）。因此，蘇峻也算是南下的北方世族之一，不同的是蘇峻的勢力沒有展現在官爵和封山占澤上，而展現在始終掌握一支流民武裝上。晉元帝司馬睿時期，朝廷與北方胡族政權對峙全賴蘇峻這樣南下的流民武裝領袖。蘇峻先後擔任東晉淮陵內史和蘭陵相，既是朝廷命官，又是所統流民的首領。

王敦第一次叛亂的時候，司馬睿招蘇峻帶領部隊南渡長江「勤王」。蘇峻沒有從命，率部在江北觀望。對他來說，誰當皇帝並不重要，司馬睿和王敦沒有什麼區別。王敦第二次叛亂的時候，晉明帝司馬紹又招蘇峻率部「勤王」。這回，蘇峻帶著部隊來了，因為他看到王敦不得人心，勤王有利可圖。果然王敦敗亡後，蘇峻因為立有戰功，被提升為冠軍將軍、歷陽內史，封邵陵公。此時蘇峻有銳卒萬人，器械甚精，東晉朝廷視之為江北重鎮，希望他能抵擋來自北方的威脅。不行的是，蘇峻自恃實力不斷強大，逐漸驕橫起來，招納亡命之徒、隱匿罪犯和流亡戶口擴充部隊，心懷異志。

太寧三年（西元三二五年）晉明帝司馬紹英年早逝，五歲的晉成帝即位。國舅庾亮內靠庾太后，外得世族支持，以外戚身分輔政。蘇峻原以為晉明帝會命他為顧命大臣，掌握政權的，不想被庾亮橫搶了過去，憤憤不平。庾亮覺察到了蘇峻勒兵江北對朝廷的巨大威脅和蘇峻的不滿

情緒，力排眾議，徵蘇峻到朝廷擔任大司農，意圖透過明升暗降的方式剝奪蘇峻的軍權。蘇峻多次拖延不赴任，又請求去青州荒涼郡縣任職，都被庾亮拒絕。庾亮一次又一次地派人催促蘇峻上任，最終在咸和三年（三二八年）逼反了蘇峻。

庾亮這個人，為朝廷利益考慮，有心辦成幾件事情，可惜做事情不講方式方法，捅了這麼大一個婁子。比如庾亮為鞏固皇權，派將軍趙胤殺宗室、南頓王司馬宗，貶逐晉元帝司馬睿皇后的弟弟虞胤，就不穩妥。六歲的晉成帝好久沒有看見司馬宗了，偶然問庾亮：「從前常常看見的白頭公公哪裡去了？」庾亮說因謀反被殺了。晉成帝哭了：「舅舅說別人造反，便殺了；如果別人說舅舅造反，該怎麼辦呢？」綜合庾亮一生的事跡來看，他有心光復晉室皇權，卻不知道他所效忠的晉朝皇帝本來就是世族大家們裱糊的一座簡易房，用來遮風擋雨而已，沒有幾個人會出錢出力加固和裝飾房子，加上個人素養有限，就更不得人心了。庾亮一輩子做的事情，削藩強化皇權也好，支持北伐也好，都沒有成功。蘇峻就以討庾亮為名，起兵反晉了。他還邀請同為南下世族兼流民武裝領袖的祖約一起造反。

祖約是祖逖的弟弟，在西晉時擔任過成皋縣令，永嘉末隨哥哥祖逖南下。和哥哥熱衷北伐不同，祖約主要在司馬睿身邊做掾屬。祖逖死後，祖約接任了哥哥的豫州刺史，統領哥哥留下的武裝力量。任命之初，祖約同父異母的哥哥、光祿大夫祖納就祕密向司馬睿進言：「我弟弟祖約內懷陵上之心，可以使用他，卻不能讓他獨掌一面，不然恐怕會作亂。」司馬睿沒有接納，時人也以為祖納和祖約因為是異母兄弟，祖納嫉妒祖約富貴，才有此言。事實證明祖約的確不是做一方藩鎮的料，上任後沒有馭下之才，祖逖留下的部隊軍心浮動，戰鬥力大減。王敦叛亂

時，祖約率部「勤王」占領壽陽（今安徽壽縣），驅逐了王敦任命的淮南太守任臺，事後因功封鎮西將軍，駐屯壽陽，為朝廷的北部屏障。

庾亮執政後，祖約也忌恨晉明帝沒有讓他當顧命大臣，對庾亮不滿。他又多次向朝廷申請開府，遭到庾亮拒絕；他向朝廷申辦的許多事情，也遭到了庾亮的否決。祖約身處前線，曾遭到後趙軍隊猛烈進攻，屢次向朝廷請求增援，結果連一個援兵的影子都沒看到；後趙退兵後，朝廷卻商議要在南邊挖塘遏制北方騎兵的進攻，祖約見本部兵馬被劃在戰壕的外面，以為朝廷要拋棄自己，於是恨死了庾亮（客觀地說，庾亮也有不當之處）。

現在接到蘇峻的造反邀請，祖約馬上響應，派姪子、祖逖的兒子、沛郡內史祖渙和女婿、淮南太守許柳率領本部兵馬和蘇峻會師。蘇峻會合祖約部隊，帶上韓晃、張健等將領，浩浩蕩蕩殺向建康而去。

蘇峻和祖約的武裝主力是北方逃難的流民，他們久經磨難、進出戰場，戰鬥力遠強於南方未經疆場的政府軍。庾亮指揮頻頻出錯。先是不聽勸告，沒有布置堅守江北，接著江州刺史溫嶠忠於朝廷，請求帶兵勤王，庾亮又不准：「我更擔心荊州的陶侃造反，你的任務是監視陶侃，不准越過雷池（今安徽望江縣境）一步。」蘇峻反叛進展順利，屢次戰勝晉軍，乘風渡過長江，很快占領了建康城外的蔣山。這是五月間的事情。庾亮親自領兵在建康南門布陣，不料士氣崩潰，官兵不斷拋棄武器逃散。庾亮只好與幾個兄弟上船逃往潯陽（今江西九江）去了。蘇峻抓住晉成帝司馬衍，逼他遷居石頭城（今南京城西）。司徒王導極力爭辯，蘇峻不聽。司馬衍哭著登車而行，在一片慟哭聲中成了蘇峻的人質。

流民武裝的缺點這時候暴露了出來，那就是破壞性極強。他們在山上放火，火借風勢燒向都市，將建康的臺省、諸營、寺署燒為灰燼。建

康大亂，流民武裝順利攻陷宮城，蘇峻縱兵大掠。東晉朝廷積蓄有布二十萬匹，金銀五千斤，錢億萬，絹數萬匹等，事後統計都被亂軍搶劫一空。流民武裝還驅役百官，包括著名世族、光祿勛王彬在內的百官被當成苦力捶撻，強迫他們到蔣山做搬運工；亂軍搶劫百姓，往往將士人和女子搶得赤身裸體，可憐的人們只能用茅草遮蓋身體，連茅草都找不到的就只能坐在地上以土自覆。哀號之聲震動建康內外、長江南北。蘇峻和流民武裝迅速失去了百姓的支持，遭到了江南上上下下的反對。

蘇峻也做了一些政治建設工作。他劫持了晉成帝，矯詔大赦，除了庾亮兄弟不在赦免範圍外，其他人都赦免無罪，希望以此來籠絡人心。他自封為驃騎領軍將軍、錄尚書事，「朝廷政事一皆由之」；封遠在壽陽的祖約為侍中、太尉、尚書令，酬謝許柳、祖渙等人太守、將軍的職位；又派韓晃、張健、管商等部將攻略長江下游各地。

庾亮逃到潯陽投靠江州刺史溫嶠。溫嶠有救國赴難之心，無奈有心無力。江州是個小州，溫嶠又兵少將寡，不熟悉軍事，無力平定蘇峻之亂。於是，溫嶠邀請荊州刺史陶侃出兵同赴國難。

二

終於又輪到陶侃上場了。

陶侃在廣州刺史的任上，遇到了王敦兩次作亂，雖然兩次都明確表示擁護朝廷，並且實際介入，但沒有直接與王敦兵戎相對。然而在王敦之亂平定後，司馬紹卻任命陶侃回任極端重要的荊州刺史一職，還讓陶

侃都督荊、湘、雍、梁四州軍事，等於將長江中游的軍政都交付給了陶侃。這是對陶侃莫大的寵信，更是司馬紹的精心安排。司馬紹致力於加強皇權，採取的手段主要是在世族大家和大臣內部製造權利均勢。所以，他提拔庾亮、制約王導，在世族內部製造均勢；提拔江東士族，在南下世族和江東士族間取得平衡。任命陶侃主持荊州，固然看重陶侃的輝煌經歷和崇高聲望，更有在寒門地主和世族大家之間、在各大藩鎮之間製造均勢的打算。同時，司馬紹也任命應詹為江州刺史。應詹既是討王敦的功臣，又與陶侃同在劉弘部下做過官，是雙方都能接受的人物。

庾亮主政後，把削藩的刀子也舉到了手握重兵的陶侃頭上。應詹正好死了，庾亮就派老世族、和自己關係深厚的溫嶠出任江州刺史。應詹死前寫信給陶侃，希望陶侃能「竭節本朝，報恩幼主」，大約是他看出了陶侃對朝廷的不滿情緒。陶侃也和蘇峻、祖約一樣，滿以為自己能被晉明帝指定為顧命大臣，結果發現上臺的是庾亮，自然對庾亮不滿。蘇峻之亂是庾亮處置失當引起的，陶侃很有一種在一旁看熱鬧的心理。接到溫嶠的出兵邀請後，陶侃答覆說：「我是個疆場外將，不敢越局干預朝政。」溫嶠多次勸說，陶侃就是不答應。

蘇峻這時犯了一個大錯誤，就是殺害了陶侃的兒子陶瞻。陶侃晚年喪子，悲痛萬分，馬上戎服上陣，集結部隊，日夜兼程東下討伐蘇峻去了。

荊州大軍先到江州。江州官民都以為陶侃要誅殺庾亮，一為洩私憤，二為謝天下。庾亮有知錯能改的優點，主動跑到陶侃面前謝罪，謙虛地承認錯誤，請求陶侃處分。要知道，庾亮出身北方世族豪門，從小就名聲在外，是名士翹楚，竟然主動向寒門小吏出身的陶侃謝罪。陶侃大為意外，驚呼：「庾元規（庾亮字）乃拜陶士行（陶侃字）邪！」既然庾亮引咎自責，陶侃也就冰釋前嫌了。於是，陶侃與庾亮、溫嶠合兵一

處，準備收復建康。

　　我們知道，東晉的重點一為揚州，一為荊州。揚州已是蘇峻和流民武裝的天下，只有同樣兵多將精、久經沙場的陶侃和荊州軍才有可能與蘇峻一戰。因此，庾亮和溫嶠主動推舉陶侃為盟主，號令天下討伐蘇峻。蘇峻得知陶侃起兵後，分兵抵抗。庾亮率軍衝在最前面。北方流民驍勇善戰，很快將庾亮的部隊打敗。庾亮撤退回來向陶侃謝罪。陶侃答：「古人三敗後勝，君侯才敗了二回，當今事急，不宜數耳。」諸將知道後，都不以失敗為意，繼續催軍奮戰。

　　卻說北方南下的流民武裝除了蘇峻、祖約兩支外，還有在廣陵（今江蘇揚州）的郗鑒一支。郗鑒擁戴皇室，率本部兵馬勤王，向陶侃提出要扼守京口（今江蘇鎮江），阻礙蘇峻從建康向東邊州縣的侵蝕，得到了陶侃的同意。郗鑒於是自廣陵渡江占領京口，對蘇峻形成東西夾擊之勢。之前，長江邊上的建康和東邊蘇南、浙江州縣的聯繫缺乏暢通的管道，郗鑒經營京口後使之成為建康與東方聯繫的樞紐。京口開始崛起。

　　戰爭初期，蘇峻的部隊東西抄掠，勝多敗少，又有北方的祖約遙相呼應，占據優勢。勤王諸軍勝少敗多，不免氣餒；溫嶠的江州軍又缺糧，影響了士氣，全靠陶侃發揮中流砥柱作用，勸慰眾人不要輕舉妄動，要做長期抗戰的準備，又分糧草接濟溫嶠，渡過了最初的困難時期。咸和三年（三二八年）七月，祖約被後趙軍攻擊，潰敗至歷陽。九月，晉軍燒毀了蘇峻大軍在句容、湖熟的軍需累積，流民武裝開始缺衣少糧。戰爭局勢開始逆轉了。陶侃率軍隊急攻石頭城，觸發了決戰。蘇峻和兒子蘇碩、部將匡孝率領八千人迎戰。蘇峻派蘇碩和匡孝帶領數十騎進攻晉將趙胤，竟然大敗趙胤。這個只能算是特例的小勝利沖昏了蘇峻的頭腦，他看到趙胤的部隊大敗而逃，大喊：「匡孝能敗敵，我反倒不如他

嗎？」於是，只見蘇峻以主帥之軀撤下大部隊，也率領數名騎兵向北突擊晉軍。晉軍大喜過望，大批大批地向蘇峻幾個人湧來，蘇峻見無法取勝，準備逃回，不想坐騎失足顛躓。陶侃的部將彭世、李千等望見，用長矛投射，蘇峻墜落馬下，被晉軍追上斬首，遭到剮割肢體、骨骸焚燒的下場。蘇峻就這麼戲劇性地死了，勤王三軍將士都高呼萬歲。

蘇峻死後，建康的餘部推舉其弟蘇逸為主帥，閉城自守。其子蘇碩在戰場上搜尋蘇峻的屍骨，一無所獲，大怒之下挖掘庾亮父母墓地，剖棺焚屍。蘇峻散布各地的部將不是投降就是逃亡，武裝呈崩潰之勢，只有部將韓晃知道蘇峻死訊後還引兵向建康進逼，企圖負隅頑抗。咸和四年（三二九年）正月，歷陽被建康攻破，祖約北逃後趙。二月，晉軍攻破石頭城，蘇逸被殺，晉成帝脫險，意味著蘇峻之亂基本平定。餘部韓晃、張健等又在吳興等地頑抗了一些年月，最後在晉軍和世族武裝的聯合鎮壓下失敗。

從軍事角度說，蘇峻之亂的結束代表著東晉初期叱吒風雲的流民武裝的消亡。之前，流民武裝是南方軍事力量的主要部分之一，而且是戰鬥力很強的中堅；之後，南方軍事力量轉弱，基本為政府武裝，沒有了流民領袖控制的半獨立武裝了。

三

蘇峻之亂也被稱為「蘇峻、祖約之亂」，因為祖約也參與叛亂，算得上流民武裝的二號人物。可惜祖約的能力和作為實在太差，沒有幫上蘇峻什麼忙，參加叛亂幾乎就是自取滅亡。

祖約派姪子、女婿率主力參與蘇峻叛亂後，自己的大本營竟然被潁川人陳光的少量軍隊攻破。僥倖得很，祖約左右有名隨從叫做閻禿，長得和祖約很像，陳光誤以為閻禿就是祖約，反而放跑了祖約。祖約翻牆逃亡，糾集部隊反攻陳光。陳光投奔石勒。祖約許多部將對主帥大為失望，紛紛暗中勾結石勒，約為內應。石勒便趁火打劫，南下進攻祖約。部隊潰敗，祖約逃奔歷陽。南逃後，祖約還想有所作為，派姪子祖渙進攻皖城，希望能占領新地盤，結果祖渙被晉軍打敗，空耗軍力。等到晉軍進攻歷陽時，祖約無力再戰，連夜北逃，餘部投降。河南的這支流民武裝至此也煙消雲散了。

　　祖約率領數百人投靠石勒，石勒看不起祖約的為人，長期不見他。石勒的謀士程遐就說：「天下粗定，應當顯明逆順，忠君報國者應該獎賞，背叛不臣者應該懲處，這樣天下才能歸伏大王。祖約這樣的人不應該收留，況且祖約來到我們這以後大引賓客，搶奪鄉里先人田地，民怨已大。」於是，石勒設計，舉辦宴席歡迎祖約及其子弟。宴會當日，石勒本人裝病不來，只有程遐出面招待祖約及其子弟。祖約敏感地知道這是鴻門宴，可是又不知道如何是好，只能今朝有酒今朝醉，大醉而歸，抱著外孫痛哭流涕。果然，祖約和親屬百餘人在會後遭到屠殺，婦女伎妾都被後趙罰沒。

　　祖逖組建武裝的時候，有個奴僕叫做王安，是羯族人。祖逖非但沒有歧視王安，還待之甚厚，北伐時祖逖對王安說：「石勒是你同族，你去投奔他吧！我這也不在乎少你一人。」他給了王安厚資，讓他回到同族那裡。王安在石勒部下，逐漸積軍功為將軍，祖氏被族誅時，王安也在場。他偷偷把祖逖年僅十歲的庶子祖道重藏起，把他安頓在佛寺中。後趙滅亡後，祖道重南歸東晉。祖逖家族這才延續了血脈。

　　蘇峻之亂平定後，陶侃因功升為太尉、都督七州軍事仍兼荊州刺史，封長沙郡公。劉胤因功升任江州刺史，在咸和五年（三三〇年）被後將軍郭默所殺。執政的王導延續和稀泥的方法，不追究郭默的罪行，任命郭默為江州刺史。陶侃指責王導的縱容，迅速起兵抵江州，將郭默斬首，自己兼任了江州刺史。實際上，王導默許郭默奪權，未嘗沒有籠絡郭默約束陶侃的意思。王導一貫在中庸的政策表象下盡可能地謀求平衡，來維護中央朝廷的穩定。這是他比庾亮高明的地方。而陶侃剛正強硬，表面是雷厲風行地懲辦殺人奪權的郭默，實際上也未嘗沒有爭奪江州的意圖。占領江州後，陶侃也就控制了長江的上游和中游，權力煊赫不亞於當年的王敦。人們開始擔心陶侃會不會成為第二個王敦。經過王敦之亂和蘇峻之亂後，朝廷力量大為削弱，可以依靠的勤王藩鎮屈指可數，如果陶侃叛亂了，怎麼辦？

　　私下裡還真有人慫恿陶侃起兵謀取更大的榮華富貴。陶侃一介武人，也對朝廷的一些弊政多加指責，讓建康的袞袞諸公慌張了一陣子。不過陶侃始終沒有造反，反而在咸和九年（三三四年）六月上表請求辭職，並且主動派人將官印、節傳等送還朝廷。他生病了，不等朝廷同意就離開了荊州任所。離開前，陶侃將軍資、器仗、牛馬、舟船都造冊登記，封閉倉庫，等著朝廷派人接收。沒幾天，陶侃就在前往長沙的途中病逝，享年七十六歲。東晉朝野鬆了一口氣，都對陶侃充滿敬意。

　　縱觀兩晉南北朝，陶侃可能是最盡忠職守、大公無私的將領。在舉國清談、現實主義橫行的社會中，陶侃終身勤於公事，恭而近禮，整天嚴肅端坐處理政事。他掌握東晉一半領土的政務和軍事，事情繁雜，但沒有一件遺忘疏漏；遠近所來書信公文，無不親筆回信。陶侃辦起事來下筆如流，筆無停滯，從來不讓前來辦事的人在門前等待過久。在他之後，東晉再也沒有遇到這樣的忠臣幹將。

北伐是劑猛藥

一

陶侃死後，東晉的軍權被外戚庾氏掌握。庾亮經歷過蘇峻祖約之亂後，掌握了荊州軍權，胸中的雄心壯志又開始蠢蠢欲動。他宣稱以北伐中原為己任，選擇襄陽方向為主攻點，蒐集軍隊準備收復河南。《晉書》評價庾亮這個人「智小謀大，才高識寡」，大致說他不是做大事的料。其實，《晉書》的評價還很委婉。庾亮的缺點是不明世事、不通人情。我們知道東晉是建立在各大世族的支持之上的，皇室和世族勢力的均衡和鬥爭推動著王朝的發展。收復中原必將破壞這種均衡，引起上自皇室下自世族勢力的阻撓破壞。祖狄就是前車之鑑。庾亮高調地北伐，失敗了會耗費東晉的實力，成功了會抬高庾氏勢力，打壓其他世族。（很多史學家相信，庾氏力主北伐發自私心，目的是借北伐攬權充實家族的根基。）庾亮本來就掌握了地方軍權，內部又有庾太后的支持，已經遭到其他人嫉妒了，如今更是成了大家的眼中釘。

所以，庾亮在襄陽意氣風發，全力組織北伐軍。北伐的道德力量很強，其他世族不方便公開反對，就暗中搗亂。大軍未動，糧草先行，庾亮向各地徵調軍需糧草，結果所得寥寥。其他人不給庾亮軍隊，也不給他糧秣，結果整件北伐大事就成了庾亮在荊州的「地方行為」。不巧的是，庾亮北伐的時機也不對。北方的後趙政權還相當強大，庾亮的北伐僅局限在現在的河南南部地區，還屢戰屢敗。荊州軍敗了，朝野的冷嘲熱諷蜂擁而至。庾亮壯志難抒，鬱鬱而終，在西元三四〇年正月病逝。兄弟庾翼繼任荊州刺史，庾冰在朝中配合。庾氏依然掌握朝廷實權，繼續推動北伐。

西元三四二年，二十二歲的晉成帝司馬衍病死。他五歲繼位，由母后和舅氏（庾亮、庾翼）主政，經歷祖約和蘇峻之亂，雖然在位十八年，一無所成。庾冰、庾翼力排眾議，擁立晉成帝的同母弟弟司馬嶽。司馬嶽繼位，史稱晉康帝。司馬嶽兄終弟繼，表露了庾氏的私心。因為司馬嶽是庾氏的外甥，他的繼位可以方便庾氏繼續專權。不幸的是，司馬嶽在繼位的第三年（三四四年）也死了，年僅二十三歲。

　　庾冰、庾翼出於私心，繼續反對司馬嶽的兒子繼位，主張擁立長君。他們推出司馬睿的幼子、曾經和司馬紹爭奪皇位的會稽王司馬昱為新君人選。司馬昱為晉成帝、晉康帝的叔叔，按說沒有機會登基，一旦登基自然會感激庾氏，再次方便庾氏掌權。以宰相何充為代表的其他世族勢力強烈反對。司馬嶽又不是沒有兒子，為什麼要搬出皇叔來繼位呢？晉康帝臨終前，也贊成何充的主張，立兩歲的兒子司馬聃為皇太子。晉康帝一死，何充等人就搶著釋出「遺詔」，擁戴司馬聃登基。司馬聃史稱晉穆帝。庾太后就成了太皇太后，不方便再干政了。而庾氏兄弟在皇位更替上輸了一仗，威望和勢力都大減。

　　一個政治人物的作為要以權力的鞏固為基礎。如今，庾氏的權力根基被削弱了，他們推動的北伐事業也就成了強弩之末。

　　晉穆帝即位後，庾冰在朝中不像以往那樣順暢了，遭到了其他大族的排擠，不久去世。（庾氏的抗壓能力似乎很弱，一遇逆境就生病去世。）荊州的庾翼孤立，不得不將主要精力放到防備朝廷上去。他離開北伐前線襄陽，委託親信和兒子留守，自己還鎮夏口處理與朝廷和其他世族的關係。在夏口，庾翼還不忘修繕軍器囤積糧草，為北伐做準備。精神是好的，處境卻越來越不順利。永和元年（三四五年）夏，庾翼在夏口去世。庾翼的死，象徵著庾氏發動的東晉第二波北伐浪潮的落去。

　　庾翼臨終上奏由兒子庾爰之代理荊州刺史。庾氏試圖將荊州固定為自家勢力範圍，其他世族的人嗤之以鼻。朝中根本沒有人支持庾爰之。荊州為國家重鎮，朝臣一致聲稱荊州刺史不能為世襲職位。丞相何充就認為：「荊楚，國之西門，得人則中原可定，失人則社稷可憂，豈可以白面少年當之哉！」他推薦桓溫擔任荊州刺史。其他大臣紛紛點頭，只要不是庾家的人就行。於是，桓溫在永和元年（三四五年）出任荊州刺史，取代庾氏獲得了長江中游的兵權。

二

　　事實證明，何充推薦的桓溫並不是好的人選。

　　桓溫是之前出現過的桓彝的兒子，「少有壯志」，以本朝初期名臣劉琨、陶侃為榜樣。桓彝在蘇峻之亂中遇害，江播是殺父幫凶。父親死時，桓溫才十五歲，就枕戈泣血，揚言要復仇。桓溫十八歲那年，江播病死了，江彪三兄弟為父親發喪。為了防備桓溫來尋仇，江彪三人都刀不離手。桓溫還是混在弔唁的賓客中進了江宅，當堂手刃江彪，並追殺他的兩個弟弟。東晉朝廷對世族子弟的仇殺睜隻眼閉隻眼，沒有處分桓溫。這件事反而讓桓溫獲得了巨大的聲望。晉明帝還把大女兒南康長公主嫁給了桓溫。桓溫就成了駙馬，於咸康七年（三四一年）出任琅琊太守，很快升任徐州刺史，職位超過了父親。

　　桓溫和一般的世族子弟不一樣。一般人是清談為主，吹得天花亂墜，不管實現得了實現不了，桓溫則是有膽略有能力，敢作敢為。他期

待建立功業，更希望為家族博取榮華富貴。這樣的人物，給他適當的權力和地位能讓他為朝廷建功立業；而一旦授予他過大的權力和過高的地位，難免會助長他的不臣之心。桓溫上任荊州刺史後，就打出了「統一天下」的旗號來。那些峨冠博帶的朝堂大夫起初不以為意，覺得這就是桓溫新官上任的三把火，折騰一下而已。沒想到，桓溫到任的第二年（三四六年）就孤注一擲，率軍逆江而上進攻成漢政權。朝野還沒回過神來，前方就傳來了桓溫平定蜀地，漢王李勢投降的捷報。這下，東晉朝廷不得不思考一個現實問題：桓溫儼然在荊州稱雄了！朝廷原本是為了去除庾氏割據傾向而任命桓溫，卻不料桓溫成了新的庾氏。可是，桓溫功勳卓著，又不得不賞。東晉朝廷只好採取兩面手法：一方面是提升桓溫為徵西大將軍，封臨賀郡公；一方面卻是對桓溫暗中限制，不給他兵不給他糧，明確不讓桓溫北伐。

桓溫把北伐的旗幟搖得呼呼作響，已在鼓吹北伐，對朝廷諸公施加了很大壓力。永和五年（三四九年），後趙的石虎死了，北方大亂。大批北方百姓南遷投奔東晉，後趙的壽春守將也投降了東晉。民間北伐聲音大增。桓溫抓住時機大造輿論，還主動進屯安陸。他準備如果東晉朝廷不北伐，他就要將在外，君命有所不受了。朝廷的北伐壓力實在太大了，又不願意讓桓溫把北伐的首功搶走，建康方面出面組織了一次北伐。

這是東晉朝廷出面組織的第一次北伐。北伐軍的兵力很少，只有三萬人（桓溫還帶甲十萬呢），可見朝廷並非真心要收復中原。北伐的統帥是晉穆帝的外祖父、褚太后的父親褚裒。褚裒是一代名士，時任大都督，打仗卻很外行。當時中原的形勢很混亂，大批民眾攜家帶眷南下。褚裒最明智的做法就是組織南下的百姓，讓他們做嚮導，直搗後趙的巢穴鄴城。可惜褚裒指揮的北伐軍卻以接應南下民眾為主，糾纏著南北邊

界各個城池的得失。結果讓處於劣勢的後趙從容組織了軍隊反撲。代陂一戰，北上接應民眾的東晉部隊全軍覆沒。褚裒忙從彭城退到廣陵。壽春的東晉將領聽說統帥失敗，竟然嚇得燒掉軍需毀掉城池南逃。北伐就此失敗。南遷的百姓最悲慘了，要麼被東晉北伐軍擄掠到江南做了奴役，要麼被後趙政權掠回北方，要麼在淮河兩岸陷入絕境而死。褚裒敗退後，慚愧不已，很快在京口（今鎮江）鬱鬱而終。

褚裒死了，東晉朝廷還是需要把北伐的主動權掌握在自己手裡。找誰來主持北伐，對抗桓溫呢？褚裒生前推薦了殷浩，朝廷徵殷浩為建武將軍、揚州刺史。殷浩上疏推辭，朝廷就繼續徵召他，一直持續了四個月，殷浩才答應上任。

這個殷浩架子這麼大，到底是誰呢？殷浩也是當時的名士，精通《周易》、《老子》，善於玄言，名望極高。一般人都把他與管仲、諸葛亮相提並論。同時，殷浩一再推辭官職，反而讓他名望越來越高。他的名言是「官本臭腐，故將得官而夢屍；錢本糞土，故將得錢而夢穢」。朝廷一再給他官做，庾亮、庾翼北伐時也徵召他，殷浩全都拒絕。他稱疾不起，屏居墓所，將近十年之久。桓溫滅蜀後，威勢高漲，朝廷忌憚他。當時在朝堂上主政的是司馬昱，他想借助殷浩的盛名對抗桓溫，就樹立殷浩為揚州強藩，與荊州的桓溫抗衡。

殷浩任職前也高喊北伐口號，說得頭頭是道。他上任的時候恰好是冉閔稱帝，北方混亂加劇的時候，正是北伐的好時機。朝廷就任命殷浩為中軍將軍、假節、都督揚豫徐兗青五州軍事，主持北伐。殷浩也意氣風發，向朝廷匯報了北征許昌、洛陽的計畫，組織了陣容龐大的北伐團隊。但是探究殷浩的關鍵措施，無非兩條：第一條是引誘前秦的大臣和將領，招降納叛，希望能夠乘虛而入；第二條是利用投降東晉的胡族力

量，主要是羌族姚襄的力量，讓他們當炮灰打前陣。前秦苻健一度殺戮大臣，姪子苻眉自洛陽西奔，殷浩誤以為前秦內部亂得一塌糊塗了，上奏請求進屯洛陽，修復西晉皇室園陵。他信心滿滿，志在必得，甚至請求卸任揚州刺史，專鎮洛陽。後來證明前秦並沒有內亂，相反卻是投降東晉的將領張遇降而復叛，打敗了謝尚的晉軍。殷浩主要依靠姚襄的羌族軍隊，卻不信任姚襄，老想吞併這支部隊。殷浩將姚襄部隊遷徙駐地，又派人監視。姚襄也不是真心投降，一度殺害友軍壯大自己，殷浩也不能制止。在進軍途中，姚襄叛變，在山桑這個地方伏擊了東晉大軍。殷浩原本就沒想利用自身力量實際北伐，聽說姚襄造反了，嚇得拋棄輜重南撤。北伐軍的器械物資都被姚襄所掠。撤退途中，東晉逃亡的逃亡、投降的投降，損失慘重。殷浩北伐也以慘敗告終。

　　客觀地說，北伐的失敗並非殷浩一個人的錯，主因在東晉朝野壓根就沒有真心北伐，並沒有動員主力、投入血本北伐。但北伐失敗的責任必須有人來承擔。紙上談兵的殷浩就成了替罪羊。尤其是桓溫，早就要搬掉殷浩這塊礙腳石了，連續上書痛斥殷浩誤國，要求嚴懲。朝廷只好廢殷浩為庶人，押往浙中安置。

　　殷浩狼狽下臺後，恢復了名士做派。他口無怨言，每天就對著空氣寫「咄咄怪事」四個字。後來，桓溫掌權了，想招殷浩擔任尚書令，寫信告訴他。殷浩喜出望外，回信接受並表示感謝。為了寫一封完美的回信，不在心中留下任何差錯，殷浩修改了無數遍，把信裝進了信封又拆開修改，前後拆封數十次。誰料，最後信封中空空如也，他竟然忘記塞入信件，發了個空函給桓溫。桓溫大怒，殷浩復出的事也就告吹了。由此可見，殷浩並非什麼淡泊名利的名士，而的的確確是個醉心名利又空談誤國的假名士。永和十二年（三五六年），殷浩死在了貶所。

三

　　褚裒、殷浩先後失敗，東晉再也沒有理由壓制一直叫嚷著要北伐的桓溫了，索性將北伐重任授予他。至此，桓溫掌握了北伐主動權。

　　永和十年（三五四年），桓溫第一次北伐，兵分兩路，他親率步騎四萬餘出湖北，命令梁州方面出秦嶺。桓溫在藍田、白鹿原連續擊破氐族苻健的軍隊，推進到長安郊區的霸上。苻健拒守長安城。第一次北伐可謂旗開得勝，政治影響巨大。關中百姓「持牛酒迎溫於路者十八九」，一些老年人感極而泣：「沒想到今生還能再見到官軍！」

　　桓溫的成功也反襯出之前東晉歷次北伐的策略不當。首先是缺乏協同作戰，之前的北伐不是從東邊渡淮河向河南、山東，就是在西邊出湖北，從來沒有東西聯合作戰（因為東西的揚州、荊州屬於不同的世族勢力範圍）。其次，既然沒有協同作戰，自然也就不能整合軍隊和物資了。如果褚裒、殷浩等人的軍隊能夠和桓溫的荊州軍隊聯合起來，相信成效會更大。說到整合資源，桓溫的北伐依靠的僅僅是荊州的物資，經過兩場惡戰，推進到長安城郊後，北伐軍的後勤供應出現了問題。桓溫就在霸上停頓了下來，一邊等待後方的軍需運達，一邊搶收關中地區的春麥作為軍糧。關於桓溫為什麼沒有乘勝追擊，還有其他的解釋。比較可信的說法還有桓溫這時候已經有了謀逆自立的野心。他想借北伐來攬權立威，並非要真心收復失地；第二個說法是桓溫看到前秦在關中的統治並不穩定，想在霸上坐等前秦內亂，然後乘虛而入。而最大的可能是，桓溫駐足不前可能是以上各種因素綜合作用的結果。

遺憾的是，前秦並沒有內亂，北伐軍在搶收春糧上也輸給了秦軍。秦軍收走了糧草，對北伐軍實行堅壁清野政策，桓溫糧秣不繼，被迫撤返襄陽。第一次北伐失敗。

永和十二年（三五六年），桓溫第二次北伐。北伐的目標是叛晉的姚襄勢力。叛晉後，姚襄一度游離在前秦和前燕之間，盤踞在河南洛陽、許昌等地。桓溫北上擊敗姚襄，收復了河南地區。其中西晉首都洛陽光復，具有重大政治意義。桓溫大做政治文章，建議「還都洛陽」，並建議南遷的世族大家們返鄉。他這麼做是有私心的。洛陽在桓溫的控制之下，讓朝廷和達官顯貴們都遷徙到洛陽來，不是重複「挾天子以令諸侯」的舊戲嗎？建康的達官貴人們激烈反對桓溫的建議。當然了，「還都」的建議也是一面不能駁倒的道德旗幟，達官顯貴們就從其他方面入手。首先，他們質問桓溫能否守得住洛陽？如果等朝廷遷入洛陽，洛陽卻失守了，不是要再來一次「永嘉之禍」嗎？其次，他們說百姓南遷已經半個世紀了，早已在南方安家生根，強迫北還於情於理都不合適。

就在東晉朝臣的相互猜忌和扯後腿之際，前燕慕容恪、慕容垂領兵進攻河南。許昌、汝南、陳郡等地失守。洛陽守將陳佑以救許昌為名南逃，留沈勁的五百人守城。沈勁是王敦死黨沈充之子。沈充背負叛逆的惡名，沈勁引為終身憾事，如今以區區五百人堅守洛陽非但不怨天尤人，反而覺得是以身殉國、挽回家族名聲的良機。洛陽很快被前燕攻占，沈勁全軍覆沒，被俘遇害。慕容恪知道實情後，很後悔殺死了沈勁。至此，桓溫的第二次北伐的成果全部喪失了。

其間，東晉經歷了一次皇位變革。西元三六一年，晉穆帝司馬聃病逝。堂兄司馬丕被推舉為新皇帝。司馬丕是晉成帝的長子，原本早就有希望稱帝了，結果因為庾氏專權的需要被閒置了。他苦等晉康帝、晉穆

帝兩個皇帝都死了，才坐上本屬於他的龍椅。司馬丕就是晉哀帝。桓溫因為功勳卓著，被晉哀帝加封侍中、大司馬、都督中外諸軍、錄尚書事、假黃鉞。桓溫移鎮姑孰（今安徽當塗），讓兄弟桓豁領荊州刺史，桓沖任江州刺史、監江州及荊、豫八郡諸軍事。至此，桓溫成了東晉最大的實力派。除了長江最下游的部分郡縣外，中下游軍政大權都落入桓氏之手。

晉哀帝司馬丕繼位後，醉心黃老之術，服藥求長生，卻吃錯藥中了毒，死於西元三六五年，年僅二十五歲。大臣們擁立其弟司馬奕為新皇帝，史稱晉廢帝。

西元三六九年，手握大權的桓溫為了樹立更高的威望，率五萬人北伐前燕。北伐開始很順利，一路勢如破竹。經過金城時，桓溫見到自己擔任琅琊太守時種的柳樹已經長成老樹，感嘆道：「木猶如此，人何以堪！」人已老，桓溫也年過半百了。他攀枝執條，泫然流涕。可是當北伐軍推進到枋頭（今河南汲縣境內）時，桓溫又逡巡不前。可能是桓溫面對強大的敵人，沒有勝利的信心。當時前燕軍隊並不弱，並且前秦已經出兵增援前燕，兩國聯軍對付桓溫。而北伐軍又遇到了老問題：後勤跟不上來。這個後勤的老問題，並不是因為東晉國力衰落，而是朝廷並沒有收復失地的真心，加上其他世族大家不願意桓溫建立大功，一家獨大，所以朝廷沒有為桓溫全力提供後勤保證。桓溫在前線很快就沒有糧食吃了，又得知前秦援兵將至，只好燒船棄甲，撤退回國。北伐軍撤退途中，缺糧少水，只能鑿井而飲，又不斷遭到前燕的伏擊，最後只有萬餘人逃回南方。

慘敗後，桓溫把責任推卸給負責後勤的袁真。袁真不滿而在壽春造反。桓溫進攻壽春，直到西元三七一年才攻克。當時袁真已死，拒守城

池的袁瑾被殺。儘管找了替罪羊，桓溫的威望仍然大減。桓溫便想用廢立皇帝的辦法來立威。三七一年，桓溫廢司馬奕為海西公，改立司馬昱為帝。司馬昱就是簡文帝。他原本可以成為東晉的第二個皇帝，結果在晚年才成了東晉的第八個皇帝。他的雄心壯志早已消磨光了，在位就是個傀儡，一切朝政由大司馬桓溫獨斷。

長期手握大權，桓溫也厭倦了「北伐─失利─再北伐」的老路，有了更大的「追求」。他撫枕而嘆：「人生在世，既不能流芳百世，不足復遺臭萬載耶？」桓溫開始以王敦為榜樣，他和王敦的處境驚人地相似。王敦曾經和皇位一步之遙，桓溫的手也可以摸得著龍椅。

先拿滅蜀練練手

一

成漢的開國君主李雄將國家推向了安定繁榮的頂峰，算得上一代明君。遺憾的是，一代明君也有失誤的地方。

李雄就在接班人問題上犯了個錯誤。李雄個性與人為善，是個好人。他的大哥李蕩也是雄心勃勃、智勇雙全的人才，可惜在締造政權最艱難的時刻陣亡了。李雄認為是因為李蕩的不幸才有他稱雄稱帝的幸運，自己的皇位原本應該是李蕩的。後來，軍閥楊難敵曾投奔李雄，不久又叛亂。李雄派姪子李玡、李稚征討楊難敵，因為輕敵中了埋伏，兩個姪子都戰死了。李玡、李稚都是李蕩的兒子。李雄很悲痛，幾日吃不下飯，一說起這事就痛哭流涕，深深自責，覺得更對不起故去的哥哥李蕩了。所以，李雄比較傾向於死後將皇位傳給李蕩的兒子。

李雄在征戰途中傷痕累累，頭部的傷口有一次化膿。他自己的十個兒子當了皇子後，生活奢侈淫逸，對父親的病情看得很淡，並沒有真正關心過父親。結果，李雄和兒子們的感情也很淡。反倒是李蕩的兒子李班日夜照料在旁，還用口為李雄吸膿。李班這個孩子也是與人為善的人，在性情上與李雄相似。李雄就不顧群臣的反對，一意孤行立李班為太子。

大臣們從現實出發，認為各位皇子都已成年，盤踞各處，如果捨棄十位皇子傳位給姪子，必然引發內亂。李雄說：「我在起兵之初，本不覬覦帝王之業。值天下喪亂，群情義舉，諸君推逼我為帝。王朝的基業，

功由先帝，我大哥是嫡長子，本應登基，不幸薨於戎戰。李班是嫡長子之子，姿性仁孝，好學夙成，必為名器。」叔叔李驤與司徒王達都反對：「傳位以嫡，本身就是為了防止皇位篡奪，不可不慎。歷史上有許多不傳位給兒子導致內亂的先例。願陛下思之。」李雄一意孤行，固執地傳位李班。李驤是皇叔，地位崇高，也勸不了李雄，只能退出來悲傷流涕：「本國的大亂就要開始了！」

西元三三四年，李雄病逝，李班繼位。李驤的擔心馬上得到了驗證。李班寬厚老實，疏於防範，或者壓根就沒把人往壞處想。可是李雄的兒子李越對李班繼位極為不滿，趁回成都奔喪時和兄弟李期聯手，就在靈堂上殺掉了李班。李期登基。

李期稱帝後，成漢朝政日壞。國家承平日久，李雄的子孫們位居要職，貪圖享受，早就把儉樸勤政的作風拋到腦後了。李雄與民為善、勇於納諫、君臣攜手的風格蕩然無存，李期本身就是懶惰的庸才，又任人唯親，所任用的大臣也都庸庸碌碌，坐享俸祿而已。國家形勢很快便江河日下。

李期本人無才無德，卻猜忌聲望高、地位重要的宗室成員。漢王李壽是李驤的小兒子，按輩分是李期的堂叔，歷任要職，鎮守在外。李期對李壽很疑忌，派人監視李壽，還將李壽的義弟毒死。李壽感到十分恐懼，於西元三三八年率軍進攻成都，公然造反。李壽的兒子李勢當時在成都當校尉，裡應外合，開啟城門迎父親進城。李期沒料到李壽真的造反，而且轉眼就殺到了眼前，不得不安撫李壽。李壽要求「清君側」，李期就殺掉了李越和自己的那幫大臣，自斷了臂膀。幾天後，李壽還是廢黜李期為邛都縣公，軟禁起來。李期不久自盡，時年二十五歲，在位四年。

　　李壽起兵初，歃血盟誓，說起兵奪權後要向晉稱藩。這很可能是為了爭取外部支持，洗刷自己造反奪權罪過的幌子。他都沒想到奪權會那麼容易，如今真的成了一國之主，李壽就開始猶豫了：真的向東晉稱藩呢？還是自己披上龍袍過過皇帝癮？他決定用占卜決定命運。李壽占了一卦，卜者解讀說李壽有幾年皇帝的命。親信任調馬上鼓動說：「做一天皇帝就很了不起了，何況幾年！」另一個親信解思明不以為然，說：「幾年皇帝怎麼及得了百世諸侯（向東晉稱藩，封侯是少不了的）！」李壽下了決心，說：「朝聞道，夕死可矣！」有一天皇帝能做就做一天皇帝。抱著「過把癮就死」的心理，李壽稱帝，改國號為「漢」，開始驕奢淫逸的皇帝生涯。他一心享樂，大興土木，奪人妻女；喜怒無常，又喜殺戮，濫施淫威，致使上下離心，民怨沸騰。西元三四三年，李壽病逝，足足過了五年的皇帝癮。兒子李勢繼位，風格和乃父相比有過之而無不及，什麼事情都務求奢侈，根本不管百姓死活。百姓們不滿，李勢就濫用嚴刑峻法，壓制不滿。

　　統治者的內訌仍在繼續。李勢沒有兒子，弟弟李廣就請求立自己為皇太弟。李勢不知道怎麼想的，堅決不答應。李廣轉而去求大臣馬當和解思明前去勸說。馬當和解思明二人是老臣了，朝政之所以沒有徹底崩盤全靠他們支撐著。兩人從政權長遠利益考慮，一再勸說李勢立弟弟為繼承人。李勢聽不進去，懷疑李廣和兩名大臣謀權篡位，痛下殺手，捕殺了李廣、馬當和解思明。短時間內連續的內訌，嚴重削弱了成漢的實力。

　　成漢王朝呈現出分崩離析的跡象，稍微有點變故就會轟然倒塌。

二

　　四川地區處長江正上游，對中下游產生君臨態勢。四川水軍出三峽，順江而下，就是一馬平川、無險可守的兩湖地區。所以建國中下游的東晉王朝和成漢相比，在軍事上處於絕對的劣勢。建國開始，東晉內部就存在伐蜀的倡議。庾亮當權後，就開始實際的西征籌畫了，最終沒有成行。東晉一直沒有伐蜀的原因很多，比如四川易守難攻，比如擔心北方政權乘虛南下，最重要的原因是東晉政權建立在各個世族大家的支持下，內部維持著微弱的均勢。如果有人伐蜀成功，那可就立了蓋世武功，勢力增長，勢必破壞均勢，影響政權穩定。所以，大家寧願成漢政權盤踞上游威脅自己，也不願意看到有人伐蜀成功。

　　永和二年（三四六年），實權人物桓溫再次提議伐蜀。他的目的恰恰是其他世族最擔心的：透過對外戰爭提升聲望和實力，為掌權乃至篡位做準備。

　　此時伐蜀具有有利條件，那就是成漢自身虛弱。但桓溫的部屬們提出了更多的不利條件，比如顧慮後趙大軍南下、朝廷不同意不支持等等。江夏相袁喬力排眾議，認為江防已固，可以騰出手來做點事情了。後趙軍力強盛，成漢虛弱不堪，進攻成漢比進攻後趙划算。至於朝廷的羈絆，袁喬認為方略大事不必取得「一致同意」再施行，將在外，君命有所不受。袁喬的意見說到了桓溫的心裡去了。他下定決心，上表給朝廷要求西征，不等朝廷回覆就在當年十一月率益州刺史（他自己任命的）周撫西征成漢。袁喬率二千人為前鋒。

桓溫的戰表到了建康，朝廷果然不同意，可是人家已經出發了，再反對也沒有用了。朝堂上的大小官員們乾脆議論起桓溫此行能否成功，這才是大家最關心的。桓溫失敗了，大家幸災樂禍；成功了，大家的苦日子就來了。多數人覺得成漢地形險阻，路途又遠，桓溫兵力薄弱，取勝希望不大。劉惔卻認為桓溫必勝，眾人問他根據何在。他說：「從桓溫的賭博表現上可以推斷出來。他的賭博手段極精，非勝券在握絕不出手。我擔心的是，滅蜀之後，朝廷都要受控於他了。」大臣們聽說此言，不禁憂心忡忡起來。

西元三四七年春，桓溫大軍至青衣（今四川青衣江）。李勢命右衛將軍李福、鎮南將軍李權、前將軍昝堅率大軍阻拒晉軍。

成漢將領內部就作戰方針出現了分歧。李福和李權想設下埋伏待晉軍到來，昝堅想正面迎敵，把桓溫消滅在陌生的環境裡。分歧的結果是分裂，昝堅帶上本部兵馬，和李福、李權分道揚鑣，向東搜尋前進，摩拳擦掌要和桓溫較量一下。不知道是情報工作沒有做好，還是四川地區過於廣袤，昝堅的軍隊竟然沒有遇到晉軍。桓溫和他走的不是同一條路，避開了昝堅的阻攔，很快推進到成都南面。三月，晉軍攻克彭模（今四川彭山東南，岷江東岸地區）。李福、李權得報後，迅速向彭模殺來。

下一步怎麼辦？是堅守彭模迎戰李福、李權，還是放棄此處攻占別處？有人提議趁成漢主力沒有到達，分兵攻城略地，在成都周邊來個天女散花。袁喬堅決反對：「我們孤軍懸在萬里之外，兵少將寡，分兵容易被各個擊破，必須同心協力，奮勇一搏。」他提議大軍輕裝簡行，只帶三天糧草，直取成都。桓溫採納了這個冒險的計畫，留參軍孫盛、周楚率老弱殘兵守彭模，親自率領步兵輕裝向成都進軍。

成漢得報，由李福攻彭模斷晉軍退路，李權向成都進逼阻攔桓溫。這個計畫很好，可惜李勢的倒行逆施早已天怒人怨，軍心民心渙散不可收拾了。李福進攻彭模的晉軍老弱病殘，竟然大敗而逃。李權的部隊三戰三敗，一路敗退回成都。聽說成都情況不妙，東邊的昝堅這才停止搜尋，趕回來增援。在成都南郊，昝堅的部隊終於遇到了晉軍。可惜部隊的士氣實在低落，看到晉軍殺氣騰騰的樣子就不戰自潰，跑得只剩昝堅這個光桿司令了。

　　三支部隊全都瓦解了，李勢孤注一擲，武裝成都城中所有的守軍與桓溫決戰。雙方在成都笮橋（今成都西南南河上）激戰。戰鬥中，晉軍不利，傷亡激增，流矢幾次在桓溫身邊擦過。官兵們產生了退縮情緒，桓溫決定收兵再戰。在這關鍵時刻，晉軍的鼓吏誤鳴前進鼓，袁喬乘勢督率士卒力戰，扭轉了戰局。蜀軍產生了畏縮情緒，紛紛撤退回城。對於這個蹊蹺的敲錯鼓事件，還有不同的說法：不是鼓吏敲錯了，而是袁喬見桓溫有意收兵，故意在傳達命令給鼓吏的時候把「收兵」說成了「進軍」，於是戰場上響起了進軍鼓。不管原因是什麼，戰場上拚的往往是「最後五分鐘」的堅持，其實成漢軍隊的勇氣遜色於晉軍，終究是要失敗的。晉軍意外得勝後，乘勝追擊，火燒城門，攻占成都。

　　李勢連夜逃走，往北逃到葭萌關，迷茫思考起來。收攏殘軍敗將，與桓溫頑抗，李勢沒有信心也沒有能力；逃到中原，向後趙政權投降，李勢擔心沒有好結果。這時候，李勢想起當年父親李壽占卜問命運的事情來，解思明說「幾年皇帝怎麼及得了百世諸侯」果然沒有錯，歸順東晉做個寓公不失為現實的選擇。於是，李勢向桓溫請降，成漢滅亡。桓溫奏報朝廷，東晉將李勢遷到建康，封為「歸義侯」。李勢在四川胡作非為，結果因為主動投降而在江南得以善終。

滅蜀後，桓溫凱旋迴荊州，留周撫收拾殘局。周撫的益州刺史原本是虛的，如今終於坐實，工作起來很賣力。他又花了兩年的時間，消滅各地的成漢殘餘勢力，使蜀地全部併入東晉。桓溫滅蜀，僅在領土上就使東晉增加了一小半的面積，功勳卓著。

陳郡謝家的登臺準備

一

在東晉南朝，與琅琊王家齊名的陳郡謝家的立足點很低。舉凡名門望族都喜歡為自己列譜系，謝家後人發達了，祖先只能向上推到曹魏時期的典農中郎將謝纘。謝家發跡之晚可見一斑。謝纘的這個典農中郎將相當於太守級別，但是是負責屯田事務的，不屬於正牌的地方官職，政治地位一般。謝纘的兒子謝衡入晉後在國子監謀事，相繼做了博士、國子祭酒，終於散騎常侍，算是坐了一輩子清水衙門的冷板凳。謝衡耐得住清貧，努力鑽研學問，成為一代大儒。在「本朝歷史從何時算起」、一夫多妻家庭的兒子是否應該為非親生母親服喪等問題上，謝衡提出了許多理論意見。他的意見很可惜都沒被採納，但被史官忠實記錄了下來，讓後人能夠確認陳郡謝氏的早期作為。

謝衡守著一肚子學問，沒能飛黃騰達，是有深刻社會原因的。因為他精通的是儒家，而當時社會盛行玄學。這就好比現代社會，大家都追捧金融、管理等顯學，謝衡則醉心哲學、宗教一樣，雖然著作等身也難以在大學裡掌握話語權。西晉經歷短暫的統一後，陷入了八王之亂，社會動盪不安。人們普遍追求玄而又玄的清談，大談宇宙人生，將儒家禮法視為迂腐的俗務。謝衡的不得意由此注定了。所以到了謝衡的兒子謝鯤長大成年後，毅然拋棄家學轉學玄學，鑽研老子和易經，大談特談雲彩和人心的關係。謝鯤的能力用對了地方，很快引起了社會注意，二十歲就躋身「名士」行列。

有的人醉心玄學是逃避亂世，有的人完全是附庸風雅，將玄學作為

敲門磚，謝鯤由儒入玄，不敢說沒有功利的目的，但就玄學功力來說，他完全是第一等的。真正的玄學大師是精通世故又看破世事，能超然物外、寵辱不驚，用心靈指導言行。表面的清談和悖理不羈是掩藏內在深刻和豁達的迷霧。謝鯤不修威儀，整天唱歌鼓琴。鄰居高家有個漂亮的女兒，常常在窗前織布，看得謝鯤心癢不已。謝鯤沒有收斂，而是公然去窗前向鄰家女子表明愛意。郎有情來妾無意，謝鯤的率真被鄰家女子看作輕浮的挑逗，拿起織梭就向他扔去。謝鯤的兩顆牙齒被砸掉了。時人笑話說：「任達不已，幼輿（謝鯤的字）折齒。」謝鯤聽了也不生氣。既然人家不接受那就算了，我繼續逍遙率性的生活。牙齒掉了沒關係，又不影響我長嘯高歌。

謝鯤引起了大臣和名士們的矚目，其中就包括王衍、嵇紹等大人物。很快，謝鯤被東海王司馬越徵辟為掾吏。可惜官運不佳，因為小故被除名。長沙王司馬乂看不起謝鯤，曾把他抓起來要加以鞭撻。謝鯤主動解衣，要接受懲罰，沒有害怕的神情。司馬乂只好放了他，謝鯤也沒有歡喜之色，一切都平淡自如。謝鯤屢受挫折和屈辱，反而名氣更大了。士族名士們都替他感到可惜。謝鯤沒有一個字的牢騷，唱歌鼓琴，優哉遊哉。

謝鯤對名利可以寵辱不驚，對人生和家庭責任則時刻保持清醒細緻的認知。鼓琴高歌間，謝鯤意識到了國家大亂，北方終將淪陷。所以當東海王司馬越不久再次徵辟他出任參軍一職時，謝鯤託病辭職，舉家遷往南方。他最先來到豫章（今江西贛北）。傳說該地有座空亭，鬧鬼，發生過多次殺人事件。謝鯤毅然搬到院落中居住。拂曉，有個黃衣人呼喚著謝鯤的名字，叫開門。謝鯤憺然無懼色，從門旁的窗子伸手把黃衣人用力拉了過來，揮刀砍斷了他的肩胛，落了一塊皮肉。仔細一看，竟然

是一塊鹿皮。謝鯤尋著血跡，最後消滅了鹿怪，該地從此再無妖怪了。謝家一搬再搬，謝鯤最後選定建康城裡秦淮河畔朱雀橋邊的烏衣巷安家，成為烏衣巷裡謝家的第一代主人。

謝鯤避禍豫章，被大名士、大將軍王敦徵辟為長史，有了固定的政治舞臺。

王澄也是不修邊幅、率性而為的名士，許多地方與謝鯤惺惺相惜，常常感嘆只有和謝長史才有話說。而謝鯤也不為功名所累，說話也不看著王敦，平靜而真誠地對待工作。可怕的是，謝王二人氣質相同，政治觀點卻是相反的。王敦有不臣之心，企圖叛亂擅權。謝鯤漸漸知道王敦這個人不是匡扶社稷的同道中人，開始不屑政事，集會時候從容議論，巧妙諷諫王敦，平日主要優遊寄遇，與一幫名士縱酒高歌。王敦鑑於謝鯤名高望重，一直以禮相待。

王敦最終走上了叛亂的道路。他對謝鯤說：「劉隗這個奸邪，危害社稷，我要消滅君側之惡，匡主濟時，怎麼樣？」謝鯤回答：「劉隗的確是個禍害，但只是城狐社鼠而已。」意思是殺雞焉用宰牛刀，用不著王大將軍去打劉小老鼠。王敦罵了聲「庸才」，也不問謝鯤願意不願意，就任命他為豫章太守，藉助他的才望，拉著他一起兵逼建康。謝鯤被迫成為叛軍一員。叛軍進展順利，王敦攻下要塞石頭城後，狂傲地感嘆：「我以後不能再和大家一起造福地方了。」意思是自己要掌國家大權了。謝鯤又潑了回冷水：「怎麼會呢？只要你願意，每天都可以。」攻下建康後，王敦問謝鯤形勢和人情如何。謝鯤回答：「明公之舉雖欲存社稷，但普通人未必了解您的苦心。」謝鯤還跑去皇宮拜見了司馬睿，又建議王敦任用周顗、戴若思等原來的大臣。王敦不聽，逮捕了周戴二人要殺頭。參軍王嶠勸阻，王敦連王嶠也要一起殺。部屬畏懼不敢說話，只有謝鯤說：

「明公辦大事都沒有殺戮一人，現在王嶠提了不當的建議就要被殺，是不是用刑太過了？」王敦這才赦免了王嶠。最終，王敦在世族勢力的聯合抵制下退出建康。謝鯤勸他撤退後進宮拜見皇帝一次。王敦鬧情緒，不願進宮，以安全無法保證為由推脫。謝鯤再勸他，說自己入覲皇上，發現宮中秩序穆然，不會有危險，如果王敦入朝自己願意侍從。王敦沒被勸動，不朝而去。

撤退後，許多人為謝鯤的安全擔心。王敦對謝鯤的確不滿意，感到厭煩，打發他去豫章實任太守。謝鯤為政清廉，得到百姓的擁戴，可惜沒多久就死在了任上，時年四十三歲。半年後，王敦敗亡。謝鯤早死，省去了許多麻煩。更因為謝鯤在王敦叛亂期間，說了很多對朝廷有利的話，努力勸諫王敦，所以並沒有被視作叛黨亂匪受到處置。相反，東晉王朝追贈謝鯤為太常，追諡「康」。

至此，陳郡終於混出了有頭有臉的人物。從謝鯤開始，謝家輝煌的序幕正式拉開了。

二

一個家族在崛起時期，必然要求子孫一代超過一代。謝鯤死時，兒子謝尚才十歲出頭。謝尚從小就有「長江後浪推前浪」的趨勢，成名比父親早。謝尚剛會走路，父親謝鯤曾帶他一起迎來送往。一次有客人誇獎謝尚是「當代顏回」。顏回是孔門最出色的學生，聲望巨高無比。謝尚馬上應聲答了句：「這裡沒有孔子，哪裡來的顏回！」一句話既表達了謙

遜之情，又輕鬆幽默，讓賓客感嘆不已。在技藝方面，謝尚精通音律，擅長舞蹈和書法，史稱「博綜眾藝」。謝尚最擅長的是「鴝鵒舞」，跳得很好，好到丞相王導曾當眾要求謝尚起舞，讓在座的大小臣工為他擊掌為節。謝尚在桓溫手下當官時，桓溫知道他善於彈箏，結果謝尚理弦撫箏，因歌秋風，意氣甚適，讓同樣多才多藝的大名士桓溫為之讚嘆。

謝尚為家族博取功名利祿的利器並不是唱歌跳舞或者彈琴，而是清談玄學。他繼承了父親的清玄風範，並且理論化，寫了一篇〈談賦〉，專門評論清談，認為清談內容「若有若無」，追求「辭簡心虛」的效果。這裡的「心虛」不是做了壞事害怕的意思，而是內心豁達、超然物外的意思。成年的謝尚「開率穎秀，辨悟絕倫，脫略細行，不為流俗之事」，一副典型玄家名士派頭。他一表人才，服飾華麗，滿是精美的裝飾。王敦的小妾宋瑋在王敦敗亡後輾轉歸了謝尚。謝尚曾問宋瑋自己與王大將軍比，如何？宋瑋回答，王敦和謝尚相比就如同鄉下人與貴人一樣。宋瑋的意見代表了大眾的看法，社會普遍認為謝尚「妖冶」——這詞現在用在男人身上是個災難，在東晉時則是莫大的榮耀。

當權宰相王導特別看重謝尚，將他比作王家長輩、竹林七賢之一的王戎。

有了如此之高的聲望和如此地位的粉絲，謝尚的仕途一帆風順。兩晉南北朝時期，入仕靠上級徵辟，年輕人都抓緊機會「養望」（培養聲望，讓大家知道自己）。謝尚的聲望這麼高，年紀輕輕就被大將軍桓溫徵辟為官。更大的機遇還在後面，謝尚的外甥女褚蒜子成為東晉的皇后，繼而是皇太后。謝尚外面有聲望，朝中有後臺，政治地位開始直線上升，剛過而立之年就被任命為建武將軍、歷陽太守，後轉督江夏義陽隨三郡軍事、江夏相，開始威震一方。

東晉玄學名士大多是繡花枕頭大草包，謝尚一介清談客，能做好守土有責的大將嗎？當時鎮守武昌的安西將軍庾翼就看不起謝尚，認為謝尚這樣的清談書生適合在安逸和平的環境中耍嘴皮子，身逢亂世只能添亂。謝尚知道地位提高身分轉變對自己是個挑戰，數次虛心地向庾翼諮謀軍事。一次，謝尚和庾翼一起射箭。庾翼不屑地對謝尚說：「你如果能射中靶心，我就送你一支軍樂隊。」謝尚拉弓出箭，正中靶心。庾翼很佩服，真的把自己的軍樂隊送給了謝尚。在駐紮地，謝尚為政清簡，不驚擾軍民。剛上任時，郡府拍馬屁，用四十匹布為謝尚造了一頂烏布帳。謝尚下令拆除布帳，為軍士們製作衣物被褥，一下子就在軍隊中贏得了聲譽。

　　大司馬桓溫專政，發動北伐。謝尚身為安西將軍，率軍從淮南進攻河南，作為一支偏師。進軍之初很順利，前秦的張遇率軍投降。可能是謝尚的名士派頭和張遇的軍旅作風格格不入，使得兩人關係破裂。張遇降而復叛，還占據許昌與謝尚軍隊為敵。謝尚大軍進攻，竟然被張遇殺得大敗，損兵折將逃回東晉。按律，謝尚罪行很大，不到砍頭標準也得罷官為民。結果在他的外甥女皇后的干預下，謝尚僅僅是降為建威將軍而已，依然在前線領兵。他的運氣也實在好，北方戰亂不止，政權更替頻繁，象徵至高無上皇權的傳國玉璽竟然流落到了謝尚的手中。謝尚極為重視，派鐵騎三百夜以繼日將玉璽送到建康。東晉王朝在建康延續晉朝國號，依然以中華正朔自居。但是東晉皇帝並沒有發號施令的玉璽，被天下諷刺為「白板天子」。謝尚及時送來傳國玉璽，解決了王朝的法統難題，功勞遠遠超過敗軍南逃的罪過，地位再次提升。東晉王朝實授謝尚豫州刺史，把淮南地區的防務委託給了他。

　　淮南地處東晉王朝的核心東南地區和戰亂中的中原大地之間，連線

洛陽舊都和新都建康，是南北拉鋸的東部主戰場。戰爭最容易讓前線將領掌握實權，將領的地位往往隨著戰事水漲船高。謝尚占據並經營淮南，有了固定的地盤，承擔了王朝安全重任，在東晉朝廷的地位也就不可代替了。大司馬桓溫有步王敦後塵，篡位奪權的野心。桓家控制了長江中流，子弟掌握了荊州、江州、揚州等要地，控制了大部分國土。謝家控制的豫州在軍事要地之外，又多了一層抗衡政治野心家的重要意義。謝尚成了東晉政治角力的關鍵人物。

殘酷的權力現實和沉重的政治責任並沒有影響謝尚灑脫的生活態度。淮南首府壽陽城內大路旁，人們經常看到有一個中年人坐在酒樓門口的胡床上，穿著紫羅襦，抱著琵琶彈奏〈大道曲〉。歌聲高亢，歌手陶醉，往來路人不是以為他是酒樓攬客的藝人，就是視之為行為藝術家。沒有人知道他是盤踞淮南的鎮西將軍謝尚。謝尚和桓溫的關係也很奇妙。按說他們是相互制衡的政治對手，卻惺惺相惜，不像敵人，倒像是知心朋友。謝尚在桓溫手下當官的時候，桓溫就很欣賞他。桓溫北伐成功，收復洛陽後，還上疏請求讓謝尚都督新收復領土，出鎮洛陽。謝尚對桓溫也沒有惡語相向。

也許是生活過於灑脫，缺乏規律，謝尚不到五十歲，身體情況每況愈下。鎮守洛陽的事情，謝尚就以疾病在身推辭了。這不是他不願意離開老巢，而是真的病得不行了。朝廷得知謝尚病重，提升他為衛將軍，加散騎常侍，召他回建康養病。謝尚沒能回去，死在了歷陽，時年五十歲。

謝尚之前，陳郡謝家只是一戶普通士族，是他讓家族暴露在閃光燈照耀之下。但在老牌大世族看來，陳郡謝家還是暴發戶，他們稱之為「新出門戶」。有一個趣聞可以看出陳郡謝家當時的地位。謝尚暴得大

名，想和世族大家攀親，就替堂弟謝石向諸葛家族提親。這個諸葛家族就是諸葛亮他們家，早在三國時期就是名門大家了，後來隨著司馬睿南渡，算是「中朝顯貴」，在南方地位尊顯。諸葛家的掌門人諸葛恢一向以名望凌人。一次，丞相王導和他談起名門望族的排名先後，說：「人們都說王葛，為什麼不說葛王呢？」諸葛恢毫不留情面地回答：「譬如說驢馬，不說馬驢，驢難道勝過馬嗎？」諸葛家的氣焰可見一斑。現在諸葛恢見陳郡謝家來提親，斷然回絕：「我們這樣的人家，都是有固定的世代姻親的，我的女兒已經有人家了，可不能再和謝家結親。」謝家討了個沒趣，謝石卻對諸葛家的女兒念念不忘。等到諸葛恢死後，諸葛氏家道中落，謝家地位飛升，謝石這才娶到諸葛恢的小女兒諸葛文熊。

三

　　謝尚去世，豫州地盤不能落入桓溫的手中。朝廷的看法是繼續讓謝家子弟都督淮南軍事，作為王朝的方鎮屏藩。他們選擇的繼位人選是謝奕。

　　謝奕是謝尚的堂弟。謝奕的父親謝裒，從跟隨司馬睿開始，大多在中央謀職，終於吏部尚書。他本人沒有什麼值得稱道的事跡，卻生下了一群日後赫赫有名的兒子：謝奕、謝據、謝安、謝萬、謝石、謝鐵。

　　謝奕為人放達，也是玄學中人，也是從桓溫的幕府開始政治生涯的。他和桓溫雖然是上下級，言談舉止卻像是老朋友。謝奕隨便戴塊頭巾，就跑到桓溫家裡做客，長嘯吟唱，一點都不把自己當外人。桓溫常

說：「謝奕是我的方外司馬。」謝奕酗酒，還逼著桓溫陪酒。桓溫酒量不行，不勝其煩，最後發展到看到醉醺醺的謝奕就跑到老婆房間裡躲藏起來。桓溫是駙馬爺，老婆是南康公主。因為桓溫工作很忙，南康公主難得見到丈夫，所以很感激謝奕，說：「如果沒有謝奕這個放蕩司馬，我怎麼能見到駙馬呢！」謝奕找不到桓溫，就在桓溫府上隨便拉人一起喝酒。年輕人跑得快，最後被謝奕抓住陪酒的都是老兵。謝奕就自嘲說：「失一老兵，得一老兵。」東晉人以當兵為恥，謝奕將桓溫比作老兵，桓溫為人豪放，也不生氣，任由謝奕胡鬧。謝奕和桓溫保持了密切的感情。現在，謝奕突然被破格提拔為與桓溫抗衡的藩鎮，兩人念及感情，依然相安無事。

謝奕在豫州刺史任上只有一年，就死了。謝奕二弟謝據早死，三弟謝安本該出任豫州刺史。可是謝安把機會讓給了四弟謝萬。

朝廷任命謝萬出掌淮南，在世族內部引起了軒然大波。因為謝萬過於灑脫，狂妄自大，常年不理政事——這是玄學氛圍影響。怎麼看他都不像是前線主帥的料。謝安的好朋友王羲之曾經自問自答：「某人和謝安、謝萬相比，誰更好？如果是謝安遇到這個問題，肯定與人為善，說自己不如某人；如果是謝萬，則會因為聽到這個問題，和某人怒目相爭。」王羲之聽到謝萬的任命後，特地寫信給謝萬，要他收束情緒，勤勉政事。謝萬根本沒聽進去。

桓溫和謝萬關係一般，卻支持謝萬出任豫州刺史，因為他等著謝萬犯大錯好收拾謝家勢力。果然上任第二年，謝萬就受命與徐州方向的郗曇兵分兩路，北伐前燕。謝萬把北伐當作郊遊，一路飲酒唱歌，一點端莊辦事的樣子都沒有，更談不上和將士們同仇敵愾、同甘共苦了。三哥謝安千里迢迢寫信勸他說：「你現在是主帥，不是可以任性生活的隱士，

應該懂得率軍打仗。要多和將領們交流,讓大家和你同心協力。」謝萬一想,交流不就是吃飯喝酒嘛!於是大擺宴席,招待眾將。宴會開始,謝萬自顧自吃喝得很高興,突然覺得應該說幾句話。憋了半天,謝萬終於對眾將說:「諸位都是勁卒。」他不想想,各位將軍都是有頭有臉的人,他叫大家是兵勇,在將領們聽來就是諷刺和貶低了。這個飯局目的沒達到,反而把部將都得罪光了。

　　戰爭開始,徐州方向主將郗曇病倒,率軍暫退。謝萬誤以為友軍敗了,慌忙下令後撤。豫州軍隊趁機一鬨而散,眾將各自組織撤退,結果北伐不戰而敗,前燕反攻占領了東晉大片土地。晉軍喘息穩定後,竟然找不到主帥了。原來謝萬逃得最快,早早躲到大後方去了,成為光桿將軍。事後追究責任,謝萬是罪魁禍首,被廢為庶民。

　　這個處置結果還是給陳郡謝家留了面子的,沒要了謝萬的性命。然而謝家在淮南名聲壞了,待不下去了,不可能再讓謝家子弟出掌淮南軍政大權了。陳郡謝家幾代人努力的成果,轟然倒塌,付諸流水。謝萬真是罪人,揮霍了祖父兄長幾代人的奮鬥成果。謝家只能從頭再來了。

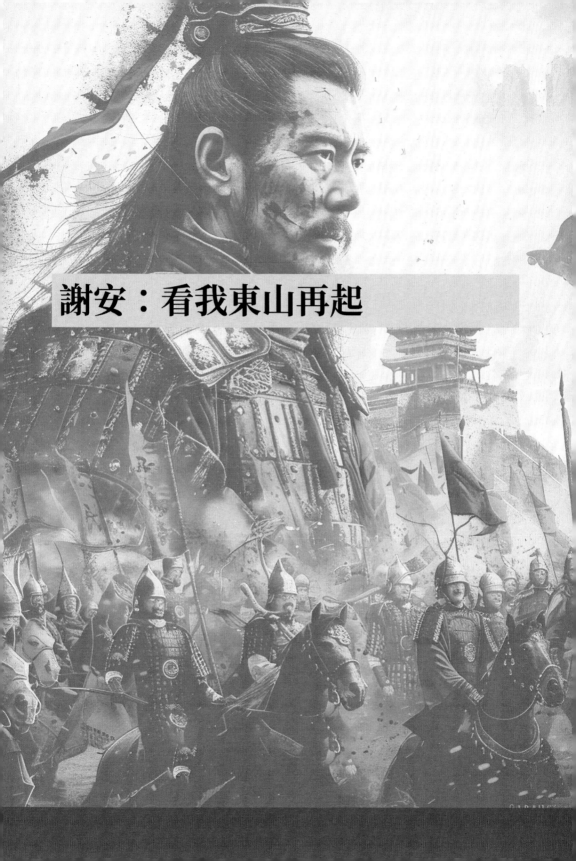

謝安：看我東山再起

一

陳郡謝家經過謝萬的慘痛失敗後，一蹶不振。家族能否復興，天下人都把目光投到了隱居東山的謝家老三謝安的頭上。

謝安身上有那個時代搏擊政壇的雄厚資本：卓越聲望。謝安四歲的時候，桓溫的老爸桓彝見到謝安就喜歡不已，讚嘆這個孩子「風神秀徹」，日後肯定能揚名立萬。（桓彝日後也「揚名立萬」了，不過是因為子孫兩代都謀逆不軌的緣故。）幼小的謝安能得到大人物的讚揚，立即揚名。謝安還曾拜訪過晚年的王導，王大丞相對這個鄰家後輩也大為讚賞，結果謝安的名聲又更上一層。別人是拚命搏名養望，謝安小小年紀就名揚江左，仕途前景可謂一帆風順。就在美妙前程即將開啟的時候，謝安做出了驚人的選擇：隱居東山，縱情山水。

東山在今天的紹興。當時的紹興是東晉名人隱士避世的大本營。謝安在這裡認識了許多同道中人，還參加了名垂千古的蘭亭集會。暮春時節曲水流觴的蘭亭，謝安留下了兩首詩作：「伊昔先子，有懷春遊。契茲言執，寄傲林丘。森森連嶺，茫茫原疇。迥霄垂霧，凝泉散流。」「相與欣佳節，率爾同褰裳。薄雲羅陽景，微風翼輕航。醇醪陶丹府，兀若遊羲唐。萬殊混一理，安復覺彭殤。」完全是一副醉情山水、與世無爭的樣子。

兩晉南朝的多數隱士，滿口玄學，名聲很大也不參與政治，實際上是沒有處理政務的能力。這些百無一用的書生，紙上談談虛幻的宇宙人生還行，真的把內政軍事外交擺在他們面前，玄學名氣越高可能辦事的結果

越糟糕。謝安則屬於少數穩重而超脫，有能力處理好政務卻不願意從政的人。一次，謝安與王羲之、孫綽等人出海遊玩。海上突起大浪，波濤洶湧，船隻有傾覆的危險。王羲之和孫綽被嚇壞了，風度全無，船頭船尾跑來跑去，驚慌失措，抓住人就問怎麼辦。謝安平靜地說，大家再這麼慌亂瞎鬧，船沒被海浪掀翻反而可能被船上的人跑翻了，到時候大家都別想回去了。王羲之等人很慚愧，佩服謝安的沉穩寧靜，有條不紊地返航，平安上岸了。有些大名士嘴巴呱呱叫，卻經受不了大事考驗，比如王衍。謝安則能臨危不亂，時刻保持頭腦清醒，真正領悟了玄學虛中有定的真諦。事後，王羲之等人對謝安欽佩不已。王羲之公開說：「安石（謝安字安石）有鎮國氣度，我們應該舉他出仕。」大名士劉惔則說：「如果安石不出山，我們就聚集天下的名士一起來推舉他。」於是天下名士高呼：「斯人不出，若蒼生何？」彷彿謝安不出來做官，朝廷亂局勢必難以收拾。

官場對謝安來說，熱情地敞開著大門。問題是官場對謝安狂拋橄欖枝，謝安他就是不接。司徒、親王、吏部等反覆徵辟謝安走出東山來當官，更不用說那些當了官的名士來招攬謝安進入幕府了，謝安通通拒絕。朝廷覺得謝安可能是不願意接受虛職，竟然拿出掌管全國官員考核升遷的吏部郎實職來授予謝安，謝安依然拒絕了。一直到四十歲，謝安都在東山中與花鳥魚蟲為伴。朝廷屢次被拒，感到很沒面子，乾脆宣布對謝安「禁錮終身」。想不到卻從反面對謝安的聲望「火上澆油」，謝安越是隱居不出，人們對他的崇拜和期望就越高。

魏晉多名士，而謝安可能是魏晉名士中最瀟灑風流的一位。《晉書‧謝安傳》說時人比謝安為王導，但是謝安「文雅過之」。兩人都能力出眾，都沉穩持重，但王導在瀟灑超脫和文人氣上明顯遜於謝安。就連王導的五世孫王儉多年後依然承認：「江左風流宰相，唯謝安一人而已。」

二

如果說謝安的東山隱居生活是完美的，那就錯了。謝安的心中有隱痛。那就是責任之痛。

謝夫人劉氏試探丈夫說，一輩子當隱士也不錯。謝安無奈地說，我可能不會一輩子當隱士。因為謝安的心中有強烈的責任感，有對國家社稷的責任，更有對陳郡謝家勢力發展的責任。他默默關注著東晉王朝的政治走向和親戚們的仕途命運。

謝安不想當官，所以把家族的淮南地盤讓給了弟弟謝萬。但振興家族的責任感讓他一直在幕後輔助謝萬，出主意想辦法。謝萬當吳興太守時，謝安一度在郡衙裡督促弟弟從政。謝萬懶散慣了，早上不能及時起床辦公。謝安就每天早上叩屏風催弟弟趕緊起床。謝萬後來鎮守一方，惡性不改。謝安親自拜訪謝萬的部將，替弟弟撫慰眾人，也拜託他們協助謝萬工作。謝萬日後狼狽得只剩下光桿司令，部隊沒有嘩變，其中就有謝安在謝萬部隊中苦心經營的結果。等到謝萬被廢，謝家勢力落入谷底，東晉王朝北伐失敗在與北方的對抗中處於下風，謝安看到國事危難，家族衰敗，不得不決心告別東山，踏足官場。四十一歲的時候，謝安在家人的催促和眾人的矚目下，走出了東山。

謝安出仕的時機很不好。一來，他年過不惑了，別人不好為這麼大年紀的「新人」安排位置；二來，朝廷的禁錮令依然生效，一般的官員不敢徵辟他為官。巧合的是，依然是野心家桓溫給了謝安第一份工作，給了他幕府中的一個小職位。謝安接受了，在一片譁然和嘲笑中接受

了。謝安放著之前清閒顯要的好官不做，一大把年紀了，來和年輕人搶小職位，怎麼能不成為大家的笑柄。謝安默默忍受了嘲笑和不解。他知道閒適的隱居生活已經一去不返了，前方是險惡的政治漩渦，每一個漩渦都可能要了自己甚至家族的性命。玄學視政治為俗務。但真正看透俗世的玄學名士，應該是超越世俗的，一旦操持起俗務來也能得心應手，遊刃有餘。謝安就是真正的玄學名士。

桓溫接納謝安的心態很複雜，有同情，也有幫忙的意思。謝安出山前後，桓溫不斷攬權，排斥其他世族，漸漸露出了篡位的狐狸尾巴。東晉君臣都對他敬畏三分。謝安在他手下辦事，又要尋求仕途發展，難度之大，可想而知。他的做法是站在朝廷一邊又不和桓溫翻臉，處理好本職工作又不亂摻和，藉著桓溫這條大船，憑著能力和名聲逐步得到提升。

西元三七一年桓溫廢黜司馬奕為海西公，改立司馬昱為帝，並族誅了陳郡殷氏、潁川庾氏兩家，操縱了東晉實權，聲勢如日中天。桓溫的做法侵害了其他世族大家的利益。已經跳到朝中為官的謝安堅定地和另兩大世族——太原王氏和琅琊王氏站在一邊，反對桓氏篡權，改朝換代。他們拉攏一批中小士族，形成共同抵制桓溫的聯盟。而謝安也在這個大趨勢下，趁機與各個世族大家聯姻，壯大本族力量。從此，謝家子女婚嫁基本不出大世族家庭，開始編織盤根錯節的權勢網絡。

司馬昱當了不到兩年皇帝，也死了。桓溫一度授意司馬昱立下遺詔，將天下傳給自己。謝安趕緊聯合王坦之、王彪之等人逼簡文帝改寫遺詔，將政權傳給兒子司馬曜。王謝抓緊時間，將生米煮成熟飯，在西元三七三年擁戴司馬曜即位。司馬曜就是孝武帝，之後在位二十四年，是東晉在位時間最長的皇帝。

桓溫得知即將到手的江山落空了，勃然大怒，率軍入京「朝覲」新皇帝。桓溫引兵入朝，朝野盛傳此來是「誅王謝，移晉鼎」，一日數驚。

東晉朝廷沒有力量阻擋桓溫的軍事威脅，皇上只能下令王坦之、謝安等率領百官到新亭迎接桓溫。事前，王坦之手忙腳亂地跑來向謝安問計。謝安也不知道怎麼辦，也害怕，但平靜地說：「大晉存亡，就看這一回啦！」世事本無定論，政事也一樣，到時候隨機應變吧！

歷史上有名的「新亭風波」就此上演。一方是氣勢洶洶、大兵壓境的桓溫，一方是王坦之和謝安等朝臣，所爭的就是東晉王朝的江山社稷。你把他說成「鴻門宴」也好，說成關羽的「單刀會」也好，反正桓溫在新亭擺出了嚇人的陣仗，大軍環列，刀甲鮮明，官兵們對朝臣怒目而視。更可怕的是，桓溫拉起了許多幃帳，不用風吹起帳角，肉眼都能看到帳後密密麻麻的持械武士。朝廷上的王公大臣們平日裡威風凜凜，可是在武士巨陣面前卻威風掃地。文武百官跪拜在道路兩旁，甚至連抬頭看一眼桓溫的勇氣都沒有。領頭的王坦之嚇得汗流浹背，緊張得連手板都拿反了。

朝臣中只有謝安面對層層重兵，用他那帶有濃厚口音的「洛陽普通話」像模像樣地誇獎了一番桓溫的部隊。史書上稱「洛陽普通話」為「洛生詠」，特點是音質渾厚，很有威懾感，能給普通官兵和老百姓很大的震懾力。震懾衝擊過後，謝安再從容地質問桓溫：「有道諸侯訓練甲士替朝廷防守四方，現在明公在幕後埋伏武士，唱的又是哪齣戲啊？」桓溫預想了許多結局，就是沒料到謝安會這麼直接這麼坦然。好在桓溫也是名士，心胸也很豁達瀟灑，雖然受了謝安當頭一棒，立刻調整了情緒，撤去了埋伏的武士，客氣地接待起謝安來。

桓溫也是玄學造詣很深的名士，瀟灑得很，現在被謝安的鎮靜灑脫引出了那瀟灑脫俗的勁頭來，拉著謝安就高談闊論起來，把其他人都晾

在一邊。桓溫的一生都在追求權力和沉溺玄學之間徘徊，猶豫不決，錯過了許多攬權的機會。謝家子弟與桓溫明明不是一夥人，卻因為風範獨特得到了桓溫的提攜。謝安兄弟的最初舞臺都是桓溫提供的。如今，桓溫又因為謝安的阻撓，放棄了逼宮奪權的計畫，和謝安做了一場長談之後竟然撤軍了。

　　從此，桓溫和皇帝寶座永遠告別了。而謝安獨得大功，幾乎成了再造社稷的功臣，更因為臨危不懼的名士風範，地位迅速躍升。王坦之原來名望在謝安之上，從新亭以後聲望就落在了謝安之後。

　　謝安的無畏抵制穩定了東晉王朝的局勢，但桓溫的野心依然，還在上游做著皇帝夢。撤軍後，桓溫大病一場，藉口生病搬到建康附近的姑孰養病，派人暗示朝廷授他九錫。九錫是皇帝獨享的禮器，霸占九錫禮器幾乎成了歷代權臣篡位前的動作。隨著病情越來越重，桓溫求九錫的心情也越來越強烈，直接授意文臣袁宏起草加授九錫的詔令。袁宏趕緊寫好，按照程序將詔令草稿拿給中樞重臣謝安看，需要謝安的批准。謝安看完，搖搖頭，對袁宏說需要修改。袁宏修改後再拿給謝安看。謝安還是不滿意，兩人單單在程序上就這樣往來了幾十天，詔令遲遲不能定稿。袁宏也算是一代文豪，後來生氣了，不解地問謝安為什麼老不滿意。謝安說了一句：拖著好，拖久了問題就解決了。袁宏一下子就明白了。果然，拖到西元三七三年的夏天，桓溫沒等到詔令就病死了。謝安不動聲色，不費力就為東晉王朝扳倒了一大禍患。

　　司馬曜的皇位是謝安等人擁立的，又是謝安鞏固的，桓溫死後就讓謝安取代了相位。謝安順利地位極人臣，連帶著陳郡謝家不僅收復了政治失地還大獲其利，和各大傳統世族相比，大家都不相上下、平起平坐了。史稱謝安「東山再起」。

三

謝安是個比桓溫更能令人接受的權臣。桓溫死後，謝安並沒有黨同伐異，大開清洗桓家勢力之門，而是彷彿沒事發生一樣。桓溫的弟弟桓沖繼承了哥哥的荊州地盤。別人提醒他要和謝安爭權。桓沖承認自己名望能力都在謝安之下，甘居地方藩鎮，沒有異心。東晉朝廷在王敦、桓溫之亂後一度出現了團結穩定的局面。民間說：「關中丞相唯王猛，江南萬民望謝安。」謝安統治時期相對平穩安定。

桓溫死後的十年，東晉王朝的主要威脅來自北方的前秦。前秦逐漸強盛起來後，陸陸續續對東晉發動騷擾。東起徐州、西到襄陽，秦軍和晉軍小規模戰爭不斷。北方大舉初定後，苻堅調整部署，開始將東晉作為下一個重點打擊目標。他選中的突破口是荊州北部的襄陽。襄陽扼守漢水和江漢平原的要衝，東吳時期就是長江防線的重要據點。曹魏和東吳就在此長期對峙，東晉自然不敢怠慢，集中重兵派遣名將把守。苻堅想透過進攻襄陽，動搖東晉的長江防線，四兩撥千斤。

謝安和桓沖選擇的襄陽守將名叫朱序。朱序父親朱燾曾任東晉的梁州、益州刺史，朱序本人曾長途奔襲、擒拿欲割據蜀地自立的東晉梁州刺史司馬勳，有出身，有能力，有功績，官拜征虜將軍，鎮守襄陽。到任之後，朱序學起了名士風度，喝酒下棋，對防務放任不管。他認為襄陽有漢水天險和堅固的城池在，固若金湯。即使太元三年（三七八年）年初，種種跡象都表明前秦將大軍壓境了，朱序還是不慌不忙地和名士文人們交遊唱和。

朱序的老母親韓氏，久隨丈夫和兒子經歷疆場，粗通軍事且居安思危。她聽到軍情警報，見兒子無動於衷，就親自帶著僕婦下人巡視襄陽城牆。她發現襄陽西北角城牆已經傾圮，牆磚鬆脫，外牆上雜草叢生，心急如焚，想迅速修復。可惜人手不夠，韓氏就派幾個管家去城中曉以大義，招募婦女修城。城中百姓一來擔心前秦軍隊殺掠，二來為韓氏的精神所感動，紛紛效力修城。許多婦女響應韓氏號召，應募前來。韓氏就帶著她們在原來西北角城牆的內側重築一道斜城。這段城牆二十餘丈長，與舊的西北角城牆成三角形。這便是後來聞名於世的襄陽「夫人城」。

那一邊，西元三七八年新年剛過，前秦苻堅即以兒子苻丕為統帥，率領降將慕容垂、姚萇等人和十萬秦軍南下，直衝襄陽而去。秦軍為得勝之師，人多勢眾，一路上長驅直進，如入無人之地。朱序對漢江天險盲目信任，沒有在江邊設防，秦軍精銳騎兵渡江，直逼襄陽城下，大軍陸續渡過江來，將襄陽城圍得水洩不通。朱序這時慌忙調軍守城。襄陽危急。

秦軍開始攻城，年久失修的西北角最先被攻破。苻丕高興地督促兵士突入城區，卻發現前面有一座嶄新的斜城矗立在面前。城牆上滾木炮石火把，傾斜下來，秦兵猝不及防，人仰馬翻，敗退而去。襄陽軍民同仇敵愾，擋住了十萬秦軍的猛攻。謝安接到邊警，派荊州的桓沖率領七萬大軍增援襄陽。桓沖和荊州各將害怕秦軍，只敢在戰場之外「聲援」襄陽，不敢真正上前與秦軍鏖戰。襄陽孤城，在異常艱苦的情況下堅守了將近一年時間。

苻丕統率大軍困於襄陽城下，勞師動眾，遭到了內部的反對。前秦御史中丞李柔上表苻堅，要求將苻丕按軍法從事。苻堅迫於壓力，派使

者到前線重責苻丕，同時賜劍一把，嚴令第二年春天如果再不攻克襄陽，就讓苻丕等人以劍自裁。苻丕和慕容垂、姚萇等人在重壓之下，督率秦軍加緊圍攻襄陽。朱序和軍民們陷入了絕境，內無糧草外無援兵，連西元三七九年的春節都是在生與死的廝殺中度過的。三月，襄陽城的北門突然大開，朱序手下的督護李伯護失去信心，叛國投敵，開城引秦軍殺入城中。朱序被秦兵活捉，母親韓氏不知所終。苻堅接到捷報，下令殺了投降的李伯護，卻很欣賞朱序，不僅赦免了他，還任命朱序為尚書。苻堅向來寬厚，對欣賞的人不論出身和歷史背景，一概予以重用。

襄陽失守，東晉的防禦形勢出現了一個缺口。前秦忙於內部整肅，暫時沒有進一步的動作；謝安盡量將襄陽失守的影響降到最低點，既沒有大肆宣揚，也沒有在國內整軍備戰。南北之間出現了大戰之前的片刻沉默。

淝水之戰其實是場心理戰

一

苻堅登基後一直以統一天下為己任，隨著前秦的強大，統一的願望越來越強烈。逐個削平群雄後，苻堅的敵人只剩下南方的東晉了。

西元三八二年，苻堅召見群臣，專門討論南征東晉的問題。苻堅的態度很明確：「朕繼承大位將近三十年了。四方大致平定，只有東南一角還在大秦治理之外。大秦有雄兵百萬，朕準備御駕親征。」話題一挑開，後秦朝野就炸開了鍋。除了少數幾個人附和外，多數大臣都反對伐晉。事情久議不決，耽擱下來了。懷有二心的前燕宗室幕容垂和羌族將軍姚萇希望苻堅伐晉失敗，以便自己有機可乘謀求復國，所以竭力慫恿苻堅南伐。他們請求苻堅「聖心獨斷」。苻堅真的甩開大臣，只留弟弟苻融商量要不要出兵。不想，苻融明確反對伐晉。他舉出了伐晉的三難：一是天道不順，東晉畢竟是天下正朔；二是東晉內部基本平穩，無隙可乘；三是後秦征戰多年，士卒疲憊，百姓厭戰。要命的是鮮卑、羌、羯等被征服的民族並未誠心臣服，可能會趁後秦大兵南征造反。然而，苻堅聽不進去。苻融就搬出王猛來，勸諫道：「難道丞相王猛的臨終遺言皇上忘記了嗎？」王猛臨終告誡苻堅不要貪圖東晉，可惜現在苻堅滿腦子都是統一天下，把王猛的遺言放到了一邊。愛妾張夫人、太子苻宏也勸苻堅不要伐晉，苻堅都聽不進去。苻堅這麼做也有他的道理：之前的歷次征戰他都沒有輸過，如今兵強馬壯，明顯強過東晉，為什麼不能南征呢？

東晉太元八年（西元三八三年）七月，苻堅下詔大舉攻晉。同時，

他自信滿滿地在詔書中提前封賞東晉君臣，封孝武帝司馬曜為尚書左僕射，封丞相謝安為吏部尚書，封荊州的桓沖為侍中。苻堅樂觀地認為東晉君臣投降的日子「勢還不遠」，所以體貼地在長安開始為三人建造府邸了。為了組織大軍，富豪子弟和精通武藝的青壯年都被授以羽林郎，一共得到了三萬多名軍官。這批軍官指揮的是苻堅從北方逢十抽一強徵來的平民。北方各郡縣可遭了殃了，不僅被抽走了十分之一的勞力，公私馬匹也全部充公，還要承擔前線的糧秣供給。最後，苻堅一共組織了九十七萬人的大軍，狂傲地宣稱只要大軍將馬鞭投江，就能阻斷長江流水了。

這麼龐大的軍隊，根本集結不起來。苻堅將他們分為三個部分，分別從四川、荊州和淮南三個方向進攻。後秦的主力集中在淮南方向，由苻融率二十五萬人為前鋒，苻堅親率大軍斷後。秦軍進軍像苻堅預料的一樣順利，如入無人之境一般渡過了淮河，順利攻占了淮南重鎮壽陽（今安徽壽縣）。苻堅大喜，親自來到前鋒，和苻融會合。秦軍前鋒在壽陽打得轟轟烈烈的時候，秦軍的大部隊還在陸續從長安、洛陽等後方城池動身出發。

前秦百萬大軍攻過淮河，東晉危矣！建康全城震動，百姓驚恐不安。東晉王朝文恬武嬉，時間久了，早喪失了勇氣。他們唯一的救命稻草就是謝安。孝武帝任命謝安為征討大都督，全權負責抵抗救國。

謝安也不知道如何抵抗前秦大軍，但他知道臨危不懼、坦然應對的道理。平靜應對總比驚慌失措要好。姪子謝玄已經被安排在前線統兵了，謝安再為謝玄加了「都督徐兗青三州、揚州之晉陵、幽州之燕國諸軍事」，身為前鋒抵擋敵人進攻的步伐。謝安又任命弟弟、征虜將軍謝石，兒子、輔國將軍謝琰等率領大軍與他會合。晉軍總兵力為八萬人。

除此之外，謝安沒有進一步舉動。

丞相如此作為，顯然不能安撫建康的人心，除了一些人自欺欺人說謝丞相肯定胸有成竹，其他人都相信東晉王朝要完蛋了。荊州的桓沖實在看不下去，挑選了三千精銳派往京城，交給謝安調遣，以備安排朝廷逃跑。謝安謝絕了，說國家存亡不在於幾千士兵，倒是荊州是上游重鎮，更需要精兵加強防守。謝安還傳話給桓沖說，一切他自有安排，桓沖好好守住長江中游就可以了。桓沖急得對幕僚嘆道：「謝安一介文人宰相，沒有大將之才，他盡派些沒有經過風浪的年輕子弟抵禦強敵。這下可好，我輩都將陷入敵手了！」就連被任命為前線主將的姪子謝玄，也心虛得很，跑回來問謝安怎麼辦。謝安一如既往的坦然，平靜地說：「到時候會有旨意的。」謝玄不敢再問，託部下張玄來找謝安詢問怎麼辦。謝安也不回答，帶著張玄來到別墅。別墅裡親朋畢集，謝安拉著張玄下圍棋，謝安的棋技比張玄要差，但當天張玄心裡恐懼，竟然輸給了謝安。

史載謝安在大戰中只是「指授將帥，各當其任」而已。事實上，毫無軍事經驗的謝安這麼做是正確的，總比既不懂也要瞎指揮強。這符合他「在官無當時譽，去後為人所思」的一貫執政思路。淝水之戰前後，謝安頻繁在公眾面前出現，甚至連夜遊玩，裝出一切如常的樣子。東晉的各個世族為了切身利益，暫時放棄了爭鬥，團結起來一致對外了。時間久了，東晉的人心竟然穩定了下來，官民都屏氣凝神地關注著前線戰事。

二

謝安的希望都寄託在前線的姪子謝玄身上了。謝安最看好這個姪子，將家族的興盛傳承都寄託在謝玄身上了。

謝玄小時候一副嬌貴美男子的模樣，喜歡衣著華麗，腰上別著別緻的絲巾，手裡拿著漂亮的紫羅香囊把玩。謝安很擔心謝玄的成長，就把他叫到面前來說，叔叔和你打賭玩，好不好？謝玄欣然答應，沒幾下就中了謝安的計，輸了。謝安說，我要拿走你的紫羅香囊作為賭注。謝玄滿不在乎地將香囊給了伯伯，謝安贏到香囊，看了一下就輕輕扔到火爐裡燒掉了。小謝玄看在眼裡，心裡明白叔叔不贊成自己的紈褲作風，下決心痛改前非。有一次，謝安問子姪們將來要做什麼樣的人。其他人的回答大同小異，無非是說要學好，做有能力有道德有聲望的人。只有謝玄仔細思考後回答說要像「芝蘭玉樹」一樣自由茁壯地成長，庇護一家門庭！謝安很欣賞謝玄的回答，認為他有獨立的思想和強烈的責任感。

謝玄進入仕途之時，東晉王朝面臨前秦侵寇，朝廷尋求良將鎮禦北方。謝安就推舉謝玄出任建武將軍、兗州刺史、領廣陵相、監江北諸軍事，去前線打仗。中書郎郗超平日裡和謝玄的關係不好，聽到任命後嘆息說：「謝安舉賢不避親，看來是看好謝玄的能力。謝玄這次去必定不負推舉，有一番作為。」其他人都不以為然，覺得富貴人家的英俊公子謝玄去前線，能鍍鍍金就不錯了，不會有所作為。

謝安不顧非議，堅持重用姪子謝玄，謝玄也不負重託。江北的京口、廣陵是北方南渡流民的集中地。這些流民在南方生活並不如意，對

北方政權有著刻骨的仇恨，戰鬥力強。謝玄就挑選流民中的驍勇之士組建部隊。彭城（今江蘇徐州）人劉牢之等人勇敢又有膽略，紛紛投軍。謝玄就以劉牢之為參軍，訓練了一支精銳部隊。他率部隊多次阻攔了前秦對彭城等地的騷擾，戰無不捷，威震敵膽。東晉稱京口、廣陵等地為「北府」，所以謝玄的部隊得名「北府兵」。這支部隊逐漸成為了東晉王朝戰鬥力最強的部隊。劉牢之、劉裕等人在其中領兵打仗，逐步崛起。尤其是劉裕，原本是一個在賭場輸得一無所有的賭徒，走投無路當了兵，竟然靠著軍功一步步掌握軍隊，最後推翻了東晉王朝建立了宋朝。謝玄可謂是劉裕的政治恩人。而北府兵隨著形勢發展逐漸擺脫謝家勢力的影響，成為左右南朝政局的獨立力量，呼風喚雨近百年，也完全超乎了謝安、謝玄等人的預料之外。這些都是後話了。

在組建初期，北府兵還是服從朝廷的精兵。當時普遍認為南方軍隊柔弱，無法與北方少數民族鐵騎對陣。後來南北大戰，一代梟雄苻堅遠遠看到北府兵的陣勢就對左右北方將領說：「誰說南方沒有勁旅，我看對面就有一支強敵。」

接受抵抗前秦百萬大軍的重任後，謝玄明白王朝的命運和家族的命運都在此一搏，沒有退路了。前秦軍隊正長驅直入，謝玄冷靜抓住前秦軍隊陣容太大，全面出擊，各自為戰，缺乏統一步伐的弱點，集中北府兵精銳五千人交由將領劉牢之率領北上。目的是抓住秦軍的弱點予以痛擊，爭取有所斬獲。前秦梁成的部隊前突到淮河南邊、壽陽東邊的洛澗，呈現孤軍之勢。劉牢之猛攻梁成的部隊，梁成猝不及防，在交戰中被殺。秦軍步騎爭相後撤，結果在淮河邊爭搶著渡河，亂成一團。劉牢之縱兵掃蕩，生擒敵將多人，繳獲大量軍需物資。東晉開戰大捷，謝石下令水陸並進，暫時遏止了秦軍推進的勢頭。

前秦雖敗，但依然掌握著戰場優勢。苻堅親自來到壽陽，大軍在淝水（淮河的一條支流，在今安徽壽縣東南）北岸安營紮寨，對南岸的東晉部隊虎視眈眈。這一天，苻堅站在壽陽城頭，望見郊外的晉軍「部陣齊整，將士精銳」，又「北望八公山上，草木皆類人形」，開始意識到南征的決策可能草率了一點，心中隱約泛起憂慮來。

苻堅想充分利用本軍的優勢，不戰而屈人之兵。他派隨軍的東晉降將朱序去遊說謝玄，企圖說動謝玄投降秦軍。苻堅對朱序盲目信任，不想朱序一直身在曹營心在漢。他正想找個機會報效故國呢！見到謝玄非但沒有勸降，反而把前秦軍隊的弱點和盤托出。前秦大軍號稱百萬，但真正效忠苻堅的氐族部隊比例很小，而且大部隊還沒有到達前線。針對前秦雖然兵強馬壯，內部矛盾重重的情況，朱序建議謝石、謝玄等人：「等到百萬秦軍都到達前線，要想戰勝他們就很困難了。等秦軍尚未集結完畢，宜在速戰。如果能夠打敗秦軍的前鋒，可能會撼動大局。」謝玄等人贊同朱序的判斷，只要給予前秦軍隊一次重創，就可能激發矛盾引發內訌，打倒這隻紙老虎。

於是，謝玄主動向前秦下戰書，說：「你們遠涉我國國境，卻臨水為陣，明擺著不想速戰速決。現在，請你們稍微向後撤退，讓我軍將士有渡河周轉迴旋的地方。到時，我要和你們一較高下！」前秦將領認為不應該撤軍讓東晉軍隊渡河，我眾彼寡，遲早會把謝玄等人拖死。苻堅則樂觀地認為：「我們暫且退軍，讓敵人渡河。等他們還沒列好陣勢，我們的數十萬鐵騎就突然殺過去，把敵人逼進淝水裡殺死，不是更好嗎？」苻融附和哥哥的意見，贊同趁晉軍渡河過半的時候進行突襲。

第二天，晉軍如約開始渡河。苻融就組織部隊後撤。前秦大軍的人心本來就是散的，隊伍很不好帶。上頭說是戰術性撤退，下級卻一下子

相信前鋒部隊失敗了。更有甚者，後面的部隊見前面塵土飛揚，紛紛後撤，巴不得早點回家的降卒和壯丁們想當然地以為失敗了，扭頭就跑。回到秦軍營中的朱序趁機大喊：「打敗了，我們打敗了！」軍心瞬間渙散，各懷鬼胎的將領們紛紛帶起隊伍逃跑。後方大軍還在源源不斷向前行軍，前方大軍突然向後湧，擠成一團，亂成一鍋粥。苻堅、苻融等人根本制止不了。謝玄壓根沒有想到會出現這樣的好事，率精銳八千強渡淝水，也不列陣了，追著前秦敗軍的部隊就猛殺猛砍。前秦百萬大軍奇蹟般地一敗塗地。

苻融被亂軍殺死，苻堅中了流矢，倉皇北逃。他曾自負地相信能投鞭斷江，現在前秦大軍自相踩踏溺水而死的屍體真的堵塞了淝水，淝水因此斷流多時。逃跑的路上，前秦大軍丟盔棄甲，日夜逃命，聽到風聲鶴唳都以為東晉追兵來了，結果沿途又餓死凍死了十分之七八的官兵。史稱「淝水之戰」。

此戰，東晉取得了輝煌勝利，殺敵數十萬人，繳獲儀服、器械、軍資、珍寶等堆積如山，其中包括苻堅的座車，另有牛馬、驢騾、駱駝十萬餘頭。謝玄戰後乘勝開拓中原，基本收復了黃河南岸地區，帶動四川、漢中等地投降東晉。劉牢之率領的北府軍還一度逼近黃河以北的鄴城。前線晉軍快馬向謝安報捷，謝安正在和客人下圍棋，看完捷報平靜放到床上，面不改色繼續下棋，倒是客人問是怎麼回事，謝安慢慢回答：「晚輩們在前方打敗了賊軍而已。」堅持下完棋，謝安回到內室，終於抑制不住狂喜的心情，過門檻的時候連鞋被碰壞了都沒有發覺。這實在是一場贏得過於蹊蹺、過於輝煌的勝利。司馬曜因為任內的這一勝戰而得名「武帝」。

三

在淝水大戰中，八萬晉軍大敗前秦百萬大軍，不僅使國家轉危為安，而且促使前秦崩潰，北方大亂。局勢朝著有利於南方的方向發展。東晉朝廷表彰功臣，封謝安為廬陵郡公，謝石為南康公，謝玄為康樂公，謝琰為望蔡公。陳郡謝家一門四公，從此尊貴無比，成為東晉頂尖的名門望族。

家族勢力太昌盛了，迅速引起了皇室的猜忌。司馬曜很擔心謝安成為第二個桓溫。皇弟司馬道子開始攬權。謝安修身那麼多年，很清楚盛極而衰、月盈則虧的道理，剛好東晉乘勝收復失地前方事務繁重，謝安就在西元三八五年主動要求離京出鎮廣陵，以督促前線為名行避禍之實。在廣陵，謝安生病了，只好申請回京養病。朝廷高規格地派遣侍中慰勞。夏末，謝安在建康病逝，享年六十六歲，得以善終。死後極盡哀榮，朝廷追賜太傅，史稱謝安「謝太傅」。千年之後，北宋宰相、大文豪王安石登會稽東山，還因為自己的名（安石）和謝安的字（安石）相同而沾沾自喜。

在前線主持戰事的謝玄堪稱南朝第一功臣。朝廷專門遣殿中將軍慰勞謝玄，升他為前將軍、假節，賜錢百萬彩千匹。只可惜，長期的奔波行軍和餐風露宿的作戰極大損害了謝玄的身體。淝水大捷後，謝玄的身體每況愈下。朝廷調任他為左將軍、會稽內史，讓他去氣候溫良的紹興地區養病。謝家從此喪失了北府軍的控制權。第二年，謝玄病死在會稽，終年四十五歲。朝廷追封謝玄為車騎將軍，諡號「獻武」。

　　淝水之戰後封公的謝琰是謝安的兒子。淝水大戰讓謝琰染上了驕傲狂妄的毛病。孫恩在浙東大起義，朝廷派遣徐州刺史謝琰前往鎮壓。史載謝琰到浙東後，無綏撫之能，又不整軍備戰。部將進諫說強賊就在海邊，不能鬆懈，應該做好準備。謝琰不以為然，說苻堅百萬大軍都在淮南被我們謝家人給打敗了，何況孫恩那樣只會騷擾海邊的流寇。西元四〇〇年，孫恩趁謝琰不作防備集中軍隊偷襲，謝琰兵敗逃亡，被部下殺害。兒子謝肇和謝峻同時遇害。謝琰的小兒子謝混從小就有美譽，但走的是文學路線，善於寫詩。謝混的詩歌清新淺顯，不流俗，對東晉詩風的轉移有一定影響。謝混歷任中書令、中領軍、尚書左僕射，多少延續了祖父的地位，不幸的是他捲入了東晉末年的政治漩渦。謝混與大將軍劉毅關係密切，而劉毅偏偏在與權臣劉裕的黨爭中失敗。東晉末期謝混被準備篡位的劉裕殺害。謝混的死與社會大環境變遷有關，留待後文細說。

　　朱序在淝水之戰後返回東晉，被朝廷安置在中原前線，長期參與對胡族政權的作戰，十年後病逝。

復國是永恆的目標

一

淝水之戰後，苻堅倉皇而逃，前秦主力盡失。這就為慕容家族的復國夢想提供了可能。

慕容垂在淝水之戰前，在前秦的處境非常好。他雖然是前燕的皇族，卻不是俘虜，而是主動投靠的人才。苻堅很看好慕容垂，慕容垂又在滅亡前燕的戰爭中立了大功，所以淝水之戰前慕容垂擔任冠軍將軍，指揮軍隊，算是掌握著實權。淝水之戰動議之時，以慕容垂的眼光和智慧，很可能看到了前秦尚未具有滅亡東晉的實力，可是他熱情支持苻堅的南征計畫，其中不能說慕容垂沒有自私的想法。淝水之戰中，慕容垂率本部兵馬三萬人隨軍南征，幸運的是他的部隊還沒上前線，秦軍就在淝水一戰中慘敗了。我們有理由猜測，慕容垂可能是在故意拖延避戰，觀望以儲存實力。

原先被前秦消滅的各個割據政權的皇族紛紛揭竿而起，圖謀恢復自家王朝。受到厚待的慕容家族原本就念念不忘復國，自然加入了華北重燃的狼煙——後人時常據此批判慕容家族忘恩負義，滿肚子的狼子野心。我們看慕容家族，最有希望扛起復國大旗的就是掌握軍隊的慕容垂。

復興鮮卑王朝的曙光照耀在了慕容垂的身上。慕容垂的軍隊在淝水之戰中儲存實力，是戰後前秦國內唯一完整的部隊。戰敗的光桿皇帝苻堅跑到了慕容垂軍中避難。是把握這個千載難逢的機會，殺了苻堅取而

代之，還是禮送出境，光明正大地一決雌雄呢？當時聚攏在慕容垂周圍的一幫前燕舊臣都勸慕容垂立大功者不顧小節，乘機取代前秦。

慕容垂的作為光明磊落，充滿帝王氣度。他回顧了自己落難前燕時，無所置身，苻堅盛情款待，授權給兵的恩德。前秦實權人物王猛曾力勸苻堅殺掉慕容垂（因為王猛覺得慕容垂有帝王之相，是前秦的大敵），苻堅仍然以國士之禮厚待他。「此恩何可忘也！」慕容垂慷慨陳詞說服眾人，將軍隊指揮權交給苻堅，一路護駕他返回長安。

到長安邊的澠池，慕容垂請求苻堅允許自己到華北去安撫「輕相煽動」的百姓。華北是前燕舊地，慕容垂的意圖也很明顯，但苻堅爽快地答應了。謀士權翼力勸苻堅不可，苻堅重諾言，雖然覺得有理也沒有收回成命。權翼無奈，私自在黃河橋邊設下埋伏，打算襲擊慕容垂。慕容垂早有提防，在無人處偷渡黃河，逃過了一劫。慕容垂在亂中獨身東出河南，聚攏鮮卑舊部，招兵買馬，部隊一下子發展到二十萬。西元三八四年，慕容垂在河南滎陽稱燕王，象徵著鮮卑族復國成功。兩年後，他自立為帝，定都河北中山。鮮卑垂建立的王朝史稱「後燕」，以別曾經驅逐他的前燕。

此時，愛情失意、生活坎坷、歷經磨難的慕容垂已經是六十歲的老人了。他建立的後燕政權在此後十多年裡牢固占據關東地區，是當時北方最強大的割據政權。後燕與西邊的後秦政權東西對峙，歷史回復到了之前秦燕對峙的局面。

二

前燕滅亡後，身為皇帝的慕容暐和弟弟慕容泓、慕容沖被帶往長安，受到優待。苻堅見前燕清河公主虜白漂亮，娶她為妃，又見慕容沖年少帥氣，把他召進宮來充作孌童。他和慕容沖姐弟朝夕相處，同床共枕。慕容沖姐弟共事苻堅，引得長安城中百姓唱道：「一雌復一雄，雙飛入紫宮。」王猛覺得不成體統，極力進諫。苻堅虛心納諫，將慕容沖遣送出宮，等他大點了以後又任命為平陽太守。

慕容暐、慕容泓、慕容沖三兄弟都滿懷先輩創業復國的激情，對苻堅偽裝應付，伺機而動。前秦兵敗後，慕容泓率先招攬鮮卑部眾，豎起了反旗。慕容沖也起兵投奔慕容泓。兄弟倆很快聚攏了數萬人，與前秦殘部在關中展開血戰。

慕容泓遣使苻堅，要求「分王天下」。苻堅大怒，叫來慕容暐責問。慕容暐叩頭至流血，哀求恕罪。苻堅赦免了他。轉身，慕容暐就暗中派人到慕容泓那裡，支持弟弟復國，還告訴慕容泓：「一旦聽到我的死訊，你就繼位接著行動。」看來，慕容暐還把自己當皇帝看呢！前燕滅亡後，大批鮮卑人被遷徙到關中。關中的鮮卑人思念復國，支持慕容暐、慕容泓、慕容沖三兄弟。應該說慕容泓和慕容沖的復國立足點比慕容垂要高得多，可惜他們在復國途中繼續將內訌的「光榮傳統」發揚光大。慕容泓不久在部下騷亂中遇害，而慕容沖就是幕後黑手。之後，慕容沖整合關中的鮮卑勢力，復用燕國旗幟，史稱「西燕」。西燕建國後的主要目標就是進攻長安，俘虜苻堅。

苻堅困守長安，悲傷於慕容家族背信棄義，把慕容暐叫到跟前大罵：「你們家族兄弟子姪布列上將，當時雖稱是滅國，其實我待你們像歸家一樣。現在慕容垂、慕容沖、慕容泓各個稱兵，你們家族真是人面獸心，枉虧我以國士待你們。」慕容暐伏地涕泣，表白忠心。苻堅寬厚慣了，將慕容暐叫來責備就表示他沒有殺心。慕容暐總算矇混過關了。苻堅又派人送了一件錦袍給慕容沖，希望慕容沖念及過去的恩情（床笫之情）。當年，苻堅和慕容沖姐弟同床共枕，在他看來是恩情，在慕容沖看來卻是恥辱。因此，慕容沖答道：「我以天下為任，怎能受這一袍小惠！如果苻堅束手就擒，我對待苻家不會比他當年待我們家差。」苻堅聞報，後悔莫及：「悔不用王猛和苻融之言，使白虜敢猖狂如此！」（鮮卑人皮膚白皙，苻堅因此呼之為「白虜」。）

　　長安城裡，慕容暐時刻不閒，以兒子成婚為名邀請苻堅參加。苻堅答應了。術士王嘉認為慕容暐殺苻堅的計畫不會成功，預測「會天大雨，不得殺羊」。當夜，長安果然大雨磅礴。苻堅因此察覺慕容暐的陰謀，這才下了殺心，殺了慕容暐父子及其宗族。長安城內殘存的數千鮮卑人，無論男女老少都被斬除。苻堅厚待亡國宗室卻遭背叛，成了後代帝王不斷提及的教訓，也導致了後代亡國宗室罕有保全性命者。

　　城外，慕容沖率軍猛攻長安。苻堅不敵，留下太子苻宏守長安，自己率部逃往五將山，結果被後秦姚萇所殺。苻宏最後棄城而逃投降東晉。慕容沖殺進長安，進行屠城作為報復。占領關中後，慕容沖計劃以長安為都城，長期經營。但鮮卑部眾都希望遷回河北、遼東老家，反對留居關中。慕容沖旋即在兵變中被殺。西燕帝國的四十萬軍民大舉東歸。途中，內亂頻仍，慕容永最終奪取政權。因為慕容垂已在東方建立了後燕帝國，慕容永不敢再往東走，就轉向北邊，占據了山西南部一帶。

　　第二年，慕容垂以勢不兩立之勢對西燕發動進攻。西元三九四年，西燕都城長子城被攻破，慕容永被殺，西燕滅亡。西燕融入了後燕。

　　慕容鮮卑經過這麼多的變故，原本有限的實力逐漸不能支撐一個統治整個中國北部的龐大帝國。後燕帝國隨即遭遇到了同種同源的遼西鮮卑拓跋部的挑戰。

　　拓跋鮮卑占據後燕的西北方向，對慕容垂形成壓迫態勢。「大燕國」的實力在歷次爭鬥中嚴重透支了，只能兵出險招，寄希望於取得一場對拓跋部的主力決戰的勝利。暮年的慕容垂希望在自己的有生之年裡重創拓跋部落，也希望即將繼位的太子慕容寶能夠一戰立威。西元三九五年，他以慕容寶為元帥，率大兵攻魏。拓跋部的傑出領袖拓跋珪故意示弱，拓跋部眾趕著牲畜牛羊渡過黃河西遷一千多里，佯裝遠逃他鄉，實則誘敵深入。慕容寶迫切要揚名立威，跟隨拓跋部西進，追至河套地區。在這裡，後燕大軍渡河為暴風所阻，和拓跋部隔河對峙。拓跋珪派出小股部隊騷擾慕容寶的後方，截斷了後燕大軍與朝廷的聯繫。幾個月來，慕容寶都得不到國都中山的消息。他出發時，父皇慕容垂已染病在床，如今連父皇是死是活都不知道，心裡焦急。在古代，太子不知道父皇的生死，是很危險的事情，搞不好皇位就被人奪去了，甚至還有性命危險。拓跋珪就利用慕容寶的這個心理，逼被俘的後燕往來使者隔河叫喊：「慕容垂已死，你們還不早點回去！」後燕大軍不辨真偽，士氣大為衰退。慕容寶決定退兵，退兵前他燒毀了黃河沿岸所有的船隻，以為這樣就能夠阻止拓跋部主力的追擊。誰知，到十一月初天氣嚴寒，黃河結了厚厚的堅冰，拓跋珪率精銳騎兵從容過河，追擊燕軍。後燕大軍在岱海（今內蒙古涼城縣東北）被拓跋部追上。拓跋珪選擇凌晨後燕大軍毫無準備的時候發動突襲，大破後燕軍隊。燕軍官兵驚慌失措，四竄逃

跑，自相踐踏而死就有上萬人，還有四五萬人束手就擒。慕容寶僅以身免。拓跋珪把被俘的四五萬燕軍全部活埋。

次年（三九六年）初春，已是七十一歲的慕容垂進行了人生的最後一戰。他御駕親征，徵調殘餘的燕國軍隊，組成西征復仇的重兵。燕軍旗開得勝，慕容垂陣斬拓跋勇將拓跋虔。拓跋珪這回真的是避其主力，堅壁清野，不與燕軍作戰。慕容垂最後擄掠拓跋部三萬餘戶東歸。後燕大軍過參合坡時，見去年燕兵屍骨堆積如山，全軍哭聲震天。慕容垂氣恨難當，嘔血病倒，死於撤軍途中。他一死，後燕失去了主心骨，迅速衰敗。拓跋鮮卑開始步步緊逼。

慕容垂死後，拓跋珪頻繁組織反攻，最後將後燕重鎮中山和鄴城包圍。繼位的慕容寶打不過，只好放棄了都城中山，打算逃回祖宗龍興的遼東龍城（今遼寧朝陽），退守祖宗故地。拓跋部攻占河北各地，後燕被截為南北兩部分。留守南邊鄴城的是皇叔、慕容垂的弟弟慕容德。慕容德堅持了半年後，選擇了率領城中的四萬戶鮮卑人突圍南逃。慕容德來到河南徙滑臺（今河南滑縣東），自稱燕王，史稱南燕。第二年，拓跋部緊隨而來，滑臺失守。慕容德又輾轉奪取了青兗兩州，入據廣固，西元四〇〇年稱帝，建立了南燕帝國。這是第四個燕國。

五年後，年老的慕容德也死在了異鄉，死前指定由逃難而來的姪子慕容超繼位。慕容超的早前經歷就是一個普通百姓，在亂世中隨波逐流、顛沛流離，流過浪、要過飯、做過奴僕。當他逃到南燕的時候，叔叔慕容德喜出望外。慕容家族經過這麼多的變故，嫡系的皇族不多了。慕容超順理成章地成為新君主。可惜一個沒有經過血與火洗禮的慕容貴族並不是一個真正的貴族。來得過於容易的富貴讓慕容超迅速迷失了自己。他不修內政，喜好遊獵，還誅殺功臣，為了滿足享受和國家發展的

需求增加賦役，很快使南燕陷入內憂外患交困的境地。西元四〇九年東晉劉裕率師北伐，次年二月就攻下廣固，將城池夷為平地。慕容超被俘殺，南燕滅亡。

慕容德叔姪能以區區逃難的四萬民戶，在異鄉延續燕朝國祚，也難能可貴。

說完南邊，再說說北逃的慕容寶。他在返回祖居遼東的途中，長子慕容會陰謀叛亂奪位。慕容寶誅殺了長子，不久卻被他的親家殺死。另一個兒子慕容盛殺死岳父，報了殺父之仇，自立為後燕主，返回舊都龍城。三年後慕容盛也被手下殺死。這時慕容寶的幼弟慕容熙即位。這位慕容熙也是內政不修的昏君，行事荒唐。西元四〇七年，被他迫害的將領馮跋潛入龍城，攻殺慕容熙，後燕亡。

馮跋是胡化的漢人，出生在河北。他的父親馮安曾任西燕將軍。西燕亡，馮跋隨家人東遷到後燕，於後燕帝慕容寶在位時被任命為禁衛軍將領。馮跋和弟弟馮弘曾因小事獲罪於慕容熙。慕容熙有殺馮跋兄弟之意，馮跋兄弟只好逃匿深山。後來，慕容熙的皇后死了，慕容熙舉辦了盛大的葬禮來表達自己的哀傷。結果在葬禮中，慕容熙被潛入龍城的馮跋兄弟殺死。馮跋推出慕容家的養子、實際上是高句麗人的高雲為燕王，改元正始。這就是燕朝系列的最後一個國家：北燕。北燕的疆域以遼東為主，在強盛時期曾經擁有河北東北部。

高雲身為傀儡，任命馮跋為侍中、征北大將軍、開府儀同三司，封武邑公，把軍國大事全都託付給馮跋兄弟處理，自己樂得當個甩手掌櫃享福。想不到福沒享好，高雲自己被寵臣離班、桃仁砍了腦袋。馮跋平定叛亂後，乾脆自己從幕後走向幕前，在眾人的推舉下即位，改元太平。

馮氏的王朝繼續沿用「大燕」的旗號，但已經不是慕容家的故國了。馮跋是個不錯的君主，他勤於政事，革除後燕苛政，獎勵農桑，輕薄徭役，因此國家安定。雖然當時外有拓跋部建立的強大的北魏相侵，北燕依然維持了二十二年的安定。除以州郡治民之外，北燕還以太子領大單于，置前後左右四輔，推行胡、漢分治政策。馮跋、馮弘都曾派遣使者到江南。當時的南朝稱北燕為「黃龍國」。

　　北燕太平二十二年（四三○年），馮跋病重，命太子馮翼攝理國家大事。沒想到，馮氏的燕國也走到了內訌的邊緣。馮跋的宋夫人在馮跋病重期間，圖謀立自己的兒子為新君。宋夫人採取了實質性的行動，可能還調動了軍隊。皇弟馮弘不服，率領軍隊進宮平變。馮跋在驚懼中去世，馮弘即位。經過這麼一鬧，北燕最後的國運也消失了。強大的北魏連年進攻，採取掠徙北燕民戶的蠶食政策。北燕的地盤越來越小，馮弘不得不轉而依靠高句麗的保護。西元四三六年四月，北魏發動滅亡北燕之戰。五月，馮弘在高句麗軍隊保護下率龍城百姓東渡遼水，投奔高句麗。北魏占領龍城，北燕亡。

　　自西元三三七年起至四一○年止，興起遼東的慕容鮮卑先後建立了五個燕國，縱橫疆場七十餘年。其中最可貴、最讓人難忘的無疑是整個家族對王朝國祚延續的執著堅持和頑強追求。金庸先生在《天龍八部》中就以慕容家族的歷史為背景虛構了一個口口聲聲「興復大燕」的姑蘇慕容家族。許多讀者也將「慕容」和「復國」緊密連繫了起來。

該後秦上場了

一

亂世和梟雄是一對孿生兄弟。亂世出梟雄，野心勃勃的強權人物總認為時局越亂越好。淝水之戰後，前秦元氣喪失、矛盾迭起，北方很快回歸了分裂狀態，又湧起了一批梟雄霸主。許多割據政權在前秦的廢墟上建國，除了慕容家族的燕國外，最主要的就是後秦了。

我們知道，前秦是由從關中遷徙到關東的氐族一部建立的。話說當年後趙從關中遷徙氐族人充實關東，還遷徙了隴西羌族。羌族首領姚弋仲率部東徙，在石虎時期參與了鎮壓反趙起義。後趙亡，這支羌族人為了避免東方迭起的戰亂，南下投降了東晉。姚弋仲在戰亂中死後，兒子姚襄帶領其眾。東晉用他們來鎮守淮河，防備北方胡族。姚襄就在淮南招集流亡，屯兵儲糧，引起了東晉的猜疑。姚襄最終叛晉，西進企圖謀取關中。他不幸趕上了蒸蒸日上的前秦勢力，在與苻堅的戰爭中被擒斬。其弟姚萇率羌族餘部投降了前秦。

姚萇的這支羌族力量就算是融入了前秦陣營，苻堅依然任命姚萇統領部族，參與了在西北、四川和襄陽的一系列戰鬥。淝水之戰時，苻堅任命姚萇為龍驤將軍，都督益梁二州諸軍事，並勉勵姚萇說：「龍驤將軍是朕登基前的官職，從來不輕易授予他人，卿其勉之！」始終懷有二心的姚萇果然接受苻堅的勉勵，一心在這個職位上「追求進步」。

淝水之戰敗後的第二年（西元三八四年），前秦爆發內亂。先是慕容家族起兵。苻堅派兒子苻叡率軍五萬討伐慕容泓，姚萇為司馬輔助他。戰前，姚萇說：「鮮卑人一心回到東方故鄉去，我們可以因勢利導驅逐他

們出關中，不可以當面迎戰。鼷鼠的尾巴被人抓住了，還能反噬他人，更何況是一心奪路回鄉的大軍了。」他建議秦軍在慕容鮮卑的後面鳴鼓追擊，任由鮮卑人退出關外。應該說，姚萇的建議是解決問題的好方法，可惜苻叡好大喜功，一心追求所謂的戰功，領兵截擊，結果敗死。皇子陣亡，姚萇害怕了，派人向苻堅謝罪。苻堅盛怒之下，殺了姚萇的使者。姚萇更害怕了，逃奔渭北。當地北地、新平、安定十餘萬戶羌人推舉姚萇為領袖，在亂世中求生存圖強盛。姚萇也走上了叛亂的道路。

當時慕容垂在關東叛亂，慕容泓、慕容沖等人在關中與苻堅相攻。姚萇的勢力最弱，採取了韜光養晦、坐山觀虎鬥的策略。他遣使與慕容沖求和，把兒子姚崇送去當人質，換取鮮卑族和羌族的和睦共處。姚萇趁機攻占北地，厲兵積粟，以觀時變。

苻堅對姚萇的叛亂很憤怒，當年夏天親自率領步騎兩萬進攻姚萇。苻堅打敗了姚萇，還截斷了羌族人的運水之路。姚萇軍中都有人渴死了，情況非常危急。關鍵時刻，天降大雨，羌族軍營中積水三尺，軍心大振。當時苻堅剛要進食，看到大雨無心再吃，談道：「天其無心，何故降澤賊營！」恰好慕容沖乘虛進逼長安，苻堅便放過姚萇，撤守長安去了。姚萇聽到慕容沖攻長安，和部眾討論發展策略。部下都認為應該南下占領關中核心地區。姚萇卻認為苻堅和慕容沖正在南邊打得不可開交，南下不是好時機。他預測前秦將被慕容鮮卑打敗，而慕容鮮卑遲早會東歸，關中地區遲早會是自己的天下。於是，姚萇移兵嶺北，在前秦和慕容鮮卑都沒有關注的關中北部、西部地區攻城略地，兵不血刃占領了大片土地。西到安定南至秦嶺諸城都投降了羌族。

我們再來看慕容沖和苻堅在長安的拉鋸戰。鮮卑人圍攻長安，苻堅親自督戰殺敵，身上中了好幾支箭，血流滿身也不退後。無奈圍城日

久，城中乏糧，最後都出現了人吃人的慘劇。苻堅一貫寬厚，這時候還拿出皇宮中最後的口糧設宴款待群臣。席間，大臣們把肉塞進嘴裡捨不得嚥下，含回家吐出來給妻子兒女吃。長安已經到了山窮水盡的絕境了，戰火連綿數月，百姓死亡無數。最後，苻堅迷信讖言「帝出五將久長得」，留太子苻宏守城，自己帶著一支部隊逃到五將山（今陝西岐山縣）。

五將山已經是姚萇的天下了。姚萇派兵包圍苻堅的孤軍。秦兵潰散，苻堅坦然被俘，被帶到姚萇跟前。姚萇向苻堅索要傳國玉璽。苻堅大罵：「國璽已送晉朝，怎能送給你這個忘恩負義的叛賊！」姚萇就要苻堅禪位給他，苻堅罵得更厲害了：「禪代是聖賢之事。你姚萇什麼東西，敢自比古聖先賢！」姚萇羞憤難當，派人把苻堅縊死在新平佛寺。統一北方的一代梟雄就這麼死了，虛歲四十八。這是西元三八五年的事情。

苻堅逃跑後，慕容沖攻入長安。前秦文武百官數百人逃出來，投降了姚萇。鮮卑軍在長安燒殺搶掠，之後便浩浩蕩蕩東出。長安成了一座空城，被姚萇接收。西元三八六年，姚萇在長安即皇帝位，國號依然是「秦」。歷史上稱之為「後秦」。

二

後秦建立後，與關東的後燕相互對峙。北方在「前秦」和「前燕」對峙的局面之後，重新出現了「後秦」和「後燕」對峙的局面。除了這兩大割據政權，西邊還有後涼、西秦等政權，北方有拓跋部鮮卑的魏政

權和匈奴人的大夏政權，山西則是前秦殘餘和慕容沖勢力在爭奪。

　　卻說苻堅的死訊傳出後，困守山西的兒子苻丕在晉陽即位，撿起了前秦的旗幟。大旗沒有扛多久，東出的鮮卑人在慕容永的率領下避開正東的慕容垂，向東北進入了山西，與苻丕代表的前秦殘餘力量迎頭相撞。慕容永將苻丕殺得大敗。苻丕帶著幾千殘兵敗將，南渡黃河，竟然想襲擊東晉占領的洛陽，結果被晉軍殺死。消息傳到隴西，苻堅的族孫、狄道（今甘肅臨洮）長苻登在另外一部前秦殘餘的擁戴下即位為帝，繼續揮舞著前秦的旗幟。

　　此時的關中，大部為後秦占領，苻登只占領隴西部分地區，依然與後秦連年征戰。苻登等人對前秦的輝煌念念不忘，又對姚萇的弒君深惡痛絕，攻戰起來特別頑強凶悍。後秦一時之間竟然不能取勝，關中地區一度出現了局勢的反覆。野心家魏揭飛在前秦擔任過鎮東將軍，如今自稱大將軍、沖天王，後秦的鎮軍將軍雷惡地也反叛後秦響應他。兩人聯合進攻後秦。姚萇親自平叛，陣斬魏揭飛及將士萬餘人。雷惡地先逃跑，後投降。姚萇待之如初，讓雷惡地心悅誠服，以後常對人說：「我自言智勇所施，足為一時之傑。校數諸雄，像我這樣的人，都應跨據一方、獸嘯千里。姚公用智力降服我這樣的人，是吾分也。」姚萇之所以能在亂世中建立後秦，看來不是浪得虛名。還有一個突顯姚萇過人之處的例子是前秦兗州刺史強金槌在新平據守，投降了後秦。姚萇準備率數百騎入強金槌的城池。群臣慌忙勸阻，都說這麼做太危險了。姚萇說：「強金槌已經背叛苻登，如果再與我們為敵，他就四處為敵了！況且強金槌懷德初附，我們不信任他，何以禦物！」他帶著少數人馬就進入了新平。強金槌的部下果然有人提議趁機襲擊姚萇，遭到了強金槌的堅決阻止。

不過姚萇有個很大的缺點，那就是迷信。苻堅對他有恩卻被他殺死，姚萇內心對苻堅有愧，日常總覺得苻堅陰魂不散。姚萇曾經在軍中立苻堅像祈禱，把殺害苻堅的責任都推給部署，表白「新平之禍非臣罪也」。那麼自己現在稱帝，又為什麼和前秦勢力連年作戰呢？姚萇先告訴苻堅，苻登是你的遠房親戚，還想著要復仇，「況臣敢忘其兄乎」？（姚萇的哥哥姚襄是被苻堅殺死的。）姚萇還認為「陛下命臣以龍驤建業」，我就是在遵照您的意思稱帝的啊！詭辯了一大篇後，姚萇最後祈禱苻堅的魂靈：「今為陛下立像，陛下勿追計臣過也。」苻登在城樓上看到姚萇的表演，勃然大怒，衝著姚萇大喊：「為臣弒君還立像求福，有用嗎？弒君賊姚萇快快出來，我要與你決鬥！」姚萇自然是不敢出戰。後來，後秦軍作戰不利，姚萇每夜都從噩夢中驚醒。他認定是苻堅的魂靈作怪，竟然將當初擒殺苻堅的有功之臣斬首，希望求得平安。

人殺了，姚萇每晚還是不得安寧。他總是夢見苻堅率領天官使者、鬼兵數百人突入營中，要殺自己。一次，姚萇夢見自己為了躲避鬼魂，在碩大的皇宮中到處奔跑，大喊捉鬼。侍衛們趕來護駕，其中一個人迎著姚萇「刺鬼」，不小心刺中姚萇的陰部，拔出來後流了滿地的血。群鬼歡呼說：「正中姚萇的死處！」姚萇頓時驚醒，從此患了陰腫。醫生刺破他的腫處，真如夢境中的情形出血如注。姚萇病情迅速加重，變得瘋瘋癲癲，時常大呼：「陛下，殺您的是我的哥哥姚襄，不是臣，請不要冤枉臣。」（苻堅明明是姚萇殺的，當時姚襄都已經死了。）

床榻之上，姚萇叫來太子姚興，開始布置後事：「你要撫骨肉以仁，接大臣以禮，待物以信，遇黔首以恩，四者既備，吾無憂矣。」太元十八年（三九三年）姚萇病死，時年六十四歲。他一共做了八年後秦皇帝。

三

符登聽說姚萇的死訊，大喜：「姚興小兒，不難對付。我折根柺杖就能鞭打他。」於是，他傾其所有，蒐羅了前秦的所有力量，東進爭奪關中。後秦雖然遭遇國喪，新君姚興年輕，但同仇敵愾，出動精兵強將迎戰。符登的殘兵敗將不是對手，節節敗退，又被後秦軍隊堵塞了水源，官兵爭水不得，渴死了十分二三的人。符登集合最後力量突圍失敗後，前秦軍隊連夜潰散。符登單人匹馬逃回。東進之初，符登留弟弟符廣、太子符崇守老巢。符廣、符崇聽說符登大潰散，嚇得棄城而逃。符登逃回來後，無所依歸，收集若干氐族部眾逃入馬毛山。姚興追兵很快就打到了。符登向隴西鮮卑卑躬屈膝，求得了兩萬援兵，再與姚興在馬毛山南進行最後的決戰。在這場前秦與後秦的最後一戰中，符登陣亡，時年五十二歲。

符登死後，前秦的故事還沒有完。太子符崇逃到湟中（今青海西寧一帶）稱帝，延續了前秦的國脈。可是青海一帶是隴西鮮卑的地盤，後者不允許氐族符氏在自己的地盤上稱王稱霸，拔掉了前秦最後的旗幟。符崇死在了湟中。他的兒子（符登的孫子、符堅的同族玄孫）符宣逃奔了仇池楊氏。仇池楊氏後來投降了東晉，符宣順帶歸降了東晉，後來還擔任過東晉的平北將軍。東晉「平北」的願望是好的，可惜始終沒有實現，任命曾經統一北方的前秦皇孫符宣出任這個職位，政治意義大於實際意義。從此，前秦皇室的疏系子孫世代居住江南，繁衍生息了。

其實，江南曾經還有另外一支前秦皇室血脈，不過後來中斷了。那

就是苻堅的太子苻宏。苻堅從長安逃到五將山不久，苻宏守不住長安，也學父皇棄城出逃。他一路向西逃到武都，再向南逃，最後投降了東晉。苻宏的身分比苻宣重要多了，是貨真價實的前秦太子，東晉很重視他，任命他為輔國將軍，還委託以荊州前線軍隊。可惜的是，苻宏在東晉複雜的權力鬥爭中站錯了隊，加入了桓玄陣營。桓玄叛亂失敗後，苻宏在湘州被殺。苻堅的嫡系血脈沒能流傳下來。

我們再看後秦。姚興徹底剷除前秦勢力後，繼續開疆拓土。後秦的西邊是隴西鮮卑建立的西秦，面對後秦得勝之師不是對手，很快敗亡。再往西的河西走廊是後涼政權。前秦大將呂光奉苻堅之命進軍西域，迫降三十多國後凱旋回國。到達姑臧（今甘肅武威）的時候，呂光得知前秦分崩離析中原大亂，索性就地割據，占據河西建立了後涼政權。如今後秦大軍壓境，後涼政權也很快敗亡。後秦的北方是拓跋氏鮮卑和赫連氏匈奴，雙方時戰時和。後秦的東邊是強大的後燕政權，中間的山西地區夾著西燕政權。西燕被慕容垂攻滅，姚興趁其敗亡輕鬆攻取了河東。後秦的南邊與東晉抗衡。東晉在淝水之戰勝利後，大舉推進到黃河以南。弘始元年（三九九年），後秦大規模出兵進攻東晉，一舉攻陷洛陽。晉軍不敵，撤出淮河和漢江以北的廣大地區。後秦統治疆域迅速擴大，西至河西走廊，南到秦嶺淮河，東到現在的山東西部。

姚興時期，後秦進入鼎盛。關中地區部分恢復了前秦王猛時期的景象。姚興很注重選才納諫，釋放自賣為奴的人；前期執法比較簡約，與民方便；提倡儒學，長安儒生數目逐漸恢復到萬人以上。後秦社會的一大現象是佛教開始興起。姚興廣建寺院，尊奉龜茲高僧鳩摩羅什為國師。鳩摩羅什原本是苻堅命令呂光從西域迎接而來的，可惜呂光中途在河西獨自割據，就留鳩摩羅什在河西耽擱了十七年。姚興平定河西後，

邀請鳩摩羅什來長安講學譯經，還支持法顯和尚赴印度等國取經訪問。法顯歷經艱辛，遍遊印度後，從海路返回了東晉管轄下的青州。在政府支持下，後秦境內佛教大興，長安成為當時全國的佛教中心。後秦對佛教的支持與傳播，對之後的中國產生了深遠的影響。

　　姚興晚年，後秦由盛轉衰。後秦畢竟建立在有限的、飽經戰亂的土地上，羌族本身實力就比較弱小，國庫很快空虛，軍隊很快疲乏。姚興的對策是加稅。他大幅度加重稅賦，奴役百姓。後秦衰落的第二大原因是姚興的諸子不和。太子姚泓懦弱。皇子姚弼最受姚興寵愛，行為驕橫，在西元四一六年謀反篡位，事敗被殺。同年，姚興在憂慮中病死，太子姚泓繼位。

亂政父子兵

一

東晉中期，民間有讖語說：「晉祚盡昌明。」從字面上看，晉朝的國運遇到「昌明」這個人或者這個東西就結束了。

當時，簡文帝司馬昱還是藩王，他的一個妾李氏正懷有身孕。李氏在夢中見到一個神人，對方告訴他：「你將會生下一名男孩，以『昌明』為字。」李氏醒後覺得很詭異。後來她在一天深夜生產了，果然生下一個男孩，產完後東方剛好露出魚肚白來。李氏信了那個夢，就將兒子取名為司馬曜，字「昌明」。司馬昱因王妃王氏及世子均亡，其他諸姬也並無生育，十分著急，唯恐無後。如今有了兒子，司馬昱最初喜出望外，直到想起了那句讖語，幡然醒悟，痛哭流涕。難道東晉要亡在自己的這個兒子身上嗎？後來，司馬昱陰差陽錯被桓溫擁戴為了皇帝。再後來，這個字「昌明」的司馬曜繼位，成了孝武帝。

司馬曜繼位，父親簡文帝的喪事剛辦完，就遇到了宮廷政變。一夥擁戴晉廢帝司馬奕的人突然殺入皇宮，聲稱奉司馬奕回宮復位。這夥人最終被禁衛軍鎮壓。年僅十歲的司馬曜剛成為宮廷的主人，就經歷了血腥的一幕，不是什麼好兆頭。果然，他遭遇了桓溫的逼宮，又遇到前秦百萬大軍的南征，屢次命懸一線。好在有以謝安為代表的世族大家的力量支撐著，保持東晉朝廷微妙的平衡。

身為東晉在位時間最長的皇帝，司馬曜毫無作為，像是個旁觀者。長大後，他最大的特長和愛好是酗酒，常做長夜之飲。皇宮外是地震、水災、旱災接踵而來，朝政日壞；在皇宮裡，司馬曜清醒的日子越來越

少，醉得不成人形。司馬曜的酗酒，或許可以理解為一種逃避。東晉時代皇權衰微是不爭的事實。這個朝代之所以成立，就是南北世族支持的結果。末年，司馬曜看到長星劃過天際，舉杯邀請說：「長星，勸汝一杯酒，自古何有萬歲天子邪！」可見，司馬曜本人都對東晉王朝的命運感到悲觀了。正是因為悲觀，因為無能為力，司馬曜乾脆逃避到酒鄉中去，聽任朝野大臣爭鬥。這又反過來加速了皇位的衰微。

司馬曜初期，朝政全靠謝安主持。謝安死後，司馬曜的同母弟弟司馬道子領徐州、揚州刺史，錄尚書，都督中外軍事，崛起掌權。此後，司馬道子把持朝政將近二十年。人們可能認為司馬道子老成持重，或者是年老資歷深，其實司馬道子年紀非常小，掌權時剛好二十出頭，完全是個毛頭小子。

司馬道子為政可以用四個字來形容：恣意妄為。他根本就不知道如何行政，掌權前沒有人教過他，掌權後沒有人敢教他，他就只能由著自己的心思來了。謝安時期，司馬道子是個清談高手，喜歡結交賓客，還一度因為「恬淡」受到過謝安的誇獎。如今，司馬道子把清談和請客的做派擴大化，營造園林，大宴賓客，親近僧尼，沉迷於酒色之中。在朝政處理上，司馬道子重用王國寶、趙牙、茹千秋等奸佞小人，大搞朋黨政治，只要是經常在身邊宴會上出現的、聽自己話的就重用，反之就閒置或打壓。他的這些黨羽，賣官販爵，橫行無道，很快就把朝政搞得一團糟。

比如司馬道子最重用的是王國寶。王國寶出身太原王家，又是謝安的女婿，家世很好，可惜個人品行惡劣。謝安在世很不喜歡這個女婿，故意壓制他不讓他到任達官要職。謝安還沒死，王國寶就到處詆毀岳父。司馬道子掌權後，王國寶的堂妹嫁給了司馬道子為妻，兩人很快在酒桌上找到了共同語言，沆瀣一氣。他迅速升官為中書令、尚書左僕

射，幾乎與司馬道子共掌朝政。王國寶上任後，最擅長的就是撈錢，「後房伎妾以百數，天下珍玩充滿其間」，過著腐朽的生活。

戲子趙牙因為表演為司馬道子所喜歡，就被擢升為太守。他在建康用公款為司馬道子建造了一所大宅院，「築山穿池，列樹竹木，功用巨萬」。猜想是造得太好了，名聲在外，驚動了皇帝。司馬曜曾御臨弟弟的新府邸參觀，見面積遼闊、室宇宏麗，驚嘆之餘對司馬道子說：「你府內的假山高聳入雲，的確壯觀，不過山上修飾太過，要注意啊！你可要向天下人樹立儉素的好榜樣啊！」司馬道子聞言，連忙稱是。皇帝走後，趙牙說：「幸虧皇上不知道這座山本身就是人工堆積起來的，不然可能要責怪王爺了。」

在司馬道子、王國寶等人的治理下，東晉百姓「殆無三日之休，至有生兒不復舉養，鰥寡不敢嫁娶」，怨聲載道。司馬曜對弟弟司馬道子的胡作非為是知道的，壓抑著對弟弟的不滿。直到有一次兩人一起酣酒，司馬道子恃寵乘酒對司馬曜不夠禮敬，司馬曜大怒。兄弟至此失和。司馬曜幾次想廢黜司馬道子，都遭到了母親李氏的阻止。而中書郎徐邈又引用開國之初晉武帝司馬炎與弟弟司馬攸兄弟相殘的往事勸說司馬曜，司馬曜終於還是被親情所束縛，放棄了廢黜的念頭，任由司馬道子繼續亂政。

二

西元三九六年冬的一天，司馬曜又喝醉了。醉眼惺忪中，他看到張貴人陪在身邊。張貴人正得到司馬曜的寵愛，可惜年近三十，不如青春少女靚麗清秀了。司馬曜就開玩笑說：「妳都這麼大年紀了，也該被廢

了。」說者無心，聽者有意。后妃最怕遭到廢黜，在清冷的冷宮中過完孤獨的軟禁生活。張貴人越想越淒涼，越想越害怕，由怕生恨，竟然對司馬曜下了殺心。司馬曜開完玩笑就昏沉沉睡去，張貴人熬到夜幕降臨，狠狠地用被褥捂死了司馬曜（一說被勒死）。東晉的孝武帝就這麼死了，時年三十五歲。

司馬道子並沒有深究哥哥的死（凶手張貴人之後去向不明），扶立姪子司馬德宗為新皇帝。司馬德宗就是晉安帝。

非常不幸的是，上天給了晉朝兩個白痴皇帝，一個是引發八王之亂的司馬衷，一個就是晉安帝司馬德宗。《晉書》毫不避諱地寫「帝不惠，自少及長，口不能言，雖寒暑之變，無以辯也。凡所動止，皆非己出」。也就是說司馬德宗從小到大連完整的話都不會說，連四季變化和冷熱饑飽都分辨不清，生活完全靠他人料理，處理朝政的能力就不言自明了。司馬德宗的繼位，最大受益者是司馬道子這個叔叔。登基初期，司馬德宗因年幼，司馬道子輔政，操縱實權；成年後，司馬道子表面還政於帝，實權仍操於親信王國寶等人之手。司馬德宗完全是個傀儡。

尚書僕射王國寶和建威將軍王緒這個時期想「做點事」了。他們覺得，朝廷有名無實，政令上下不通，真正能夠控制的地盤也就是建康附近的幾個郡縣，西有荊州強藩，北有中原大將把守，東邊是強大的揚州刺史轄區。這些官職往往被原本就勢力強大的世族大家子弟控制著。王國寶等人決心「削藩」，打壓地方勢力，為朝廷攬權攬財（實際上也是為自己）。司馬道子聽到王國寶的主意後，表示贊成。於是，這幫沒有政治頭腦的人開始了轟轟烈烈的削藩。

削藩要想成功，一要有強大的實力，尤其是軍隊作為後盾；二是主持削藩之人必須有高超的手腕、堅強的意志和不俗的能力。這兩點司馬

道子一黨都不具備。削藩必然會失敗。首先對朝廷削藩不滿的是青、兗二州刺史王恭。

王恭也出身太原王家，是晉孝武帝司馬曜王皇后之兄，是司馬德宗的舅舅輩。王恭是東晉著名的名士，曾有名言：「名士不必須奇才，但使常得無事，痛飲酒，熟讀《離騷》，便可稱名士。」因為出身好，王恭起家為著作郎，可他還感嘆：「不當宰相，我的才志不足以施展！」司馬曜時期，王恭為前將軍，出任兗、青二州刺史，負責江北的防禦。他指揮著戰鬥力很強、淝水之戰的主力部隊北府兵。西元三九七年（司馬德宗剛登基的隆安元年）四月，王恭以清君側、除王國寶為名向都城建康進軍，挑起內戰。

桓溫的兒子桓玄在荊州慫恿荊州刺史殷仲堪響應王恭。殷仲堪是著名的孝子，父親常年臥病在床，殷仲堪衣不解帶地伺候。為了幫父親治病，他半路出家學醫，究其精妙，煎藥的時候瞎了一隻眼睛。「獨眼龍」的形象是他大孝的光榮象徵。當了刺史後，殷仲堪自然以忠君自詡，此時起兵順江而下，進攻建康。建康陷入了三面包圍之中。

司馬道子露出了紙老虎的本質來，一見刀兵就慌了。他不敢迎戰，能想到的只是賜死王國寶、誅殺王緒，然後請求王恭、殷仲堪退兵。王國寶死有餘辜，被司馬道子勒令自盡卻有些出乎朝野意外。他死後，王恭等人沒了起兵的藉口，只好暫時偃旗息鼓。

經過這麼一戰，司馬道子也意識到自身力量薄弱。不久，他任用王愉為江州刺史，希望廣植勢力來制約不是一條心的王恭等藩鎮。隆安二年（三九八年），司馬道子又劃出豫州管轄下的四個郡，轉歸江州管轄，來壯大王愉的力量。結果豫州刺史庾楷（庾亮的孫子）對轄區縮小強烈不滿，憤而起兵，聲稱討伐譙王司馬尚之、江州刺史王愉。司馬尚之是

皇室旁支，繼王國寶之後為司馬道子倚重。

庾楷起兵後，王恭也第二次率北府兵造反了。荊州刺史殷仲堪、南郡太守楊佺期和唯恐天下不亂的桓玄也順江而下，造反了。建康又陷入了藩鎮軍隊的重圍中。諸鎮推王恭為盟主。

這回，司馬道子沒有替罪羊可以殺，慌亂得不知怎麼辦才好。他的兒子司馬元顯剛滿十六歲，卻比父親有膽略。他主動請求迎戰諸藩鎮。司馬道子無奈之下，只好任命兒子為征討都督，率王珣、謝琰等出戰。司馬元顯人小鬼大，清醒地看出諸藩鎮中最強大的是王恭，而王恭之所以強大全靠北府兵。因此，司馬元顯決定策反北府兵的首領劉牢之。

劉牢之面紫赤色，鬚目驚人，在謝玄建立北府兵時即參軍，之後身經百戰，尤其是在淝水之戰中身為尖兵立下了赫赫戰功。淝水之戰後，東晉趁勢收復失地，劉牢之一度渡過黃河進攻到鄴城。他長期指揮北府兵，在軍中有崇高的威望。而身為北府兵統帥的王恭，清談名士而已，為政講求清靜無為，自然不去親近底下的將士，也不注意將士們的操練和想法。他又自恃高貴，醉心佛道，故意疏遠將士，結果在北府兵中埋下了怨恨的種子。

司馬元顯派人用重利引誘劉牢之，劉牢之便被策反了。王恭指揮軍隊向建康進軍，北府兵消極厭戰，竟然輸給了司馬元顯的烏合之眾。王恭撤退回城，劉牢之的女婿高雅之緊閉城門，不放他進來。王恭只好與弟弟王履逃奔曲阿。因為坐著清談時間太長，王恭久不騎馬，髀上生瘡，竟然騎不了馬。曲阿人殷確，曾在王恭手下做過參軍，用船載著王恭，把他藏在葦席下面，打算走水路投奔桓玄去。途中被人告發，王恭被捕送京師。司馬道子本想留王恭一條性命，聽說殷仲堪、桓玄等人的荊州軍已至建康城外的石頭城，怕王恭在城內生變，下令將之斬首。王

恭臨刑前展現了名士風度，他「臨刑猶誦佛經，自理鬚鬢，無懼容」，說：「我暗於信人，所以致此，原其本心，豈不忠於社稷！但令百代之下知有王恭耳。」

王恭死後，庾楷也被司馬元顯打敗，投奔荊州軍而來。荊州來的桓玄、殷仲堪、楊佺期三人剩下孤軍一支，懼怕朝廷討伐，不得不求和。司馬道子和司馬元顯父子正害怕荊州軍，聞訊馬上應允，安撫殷仲堪仍任荊州刺史，任命桓玄為江州刺史、楊佺期為雍州刺史。這第二次朝廷和藩鎮之戰，也虎頭蛇尾地收場了。

桓玄、殷仲堪、楊佺期雖然退兵了，但早已與朝廷離心離德。為了自保，三個刺史在潯陽正式結盟。桓玄因其家世顯貴被推為盟主。中央和藩鎮的矛盾非但沒有消除，反而因為三人的結盟而強化了。

建康城中，司馬道子度過了一場危機，又開始縱情酒色。嶄露頭角的司馬元顯自以為是，大肆攬權，把腦筋動到了父親的頭上。一日，司馬道子醉酒不起，司馬元顯入宮稟告白痴皇帝司馬德宗，請求解除父親的司徒及揚州刺史之職，提升父親為太傅；請求任命自己為揚州刺史。司馬德宗哪裡知道其中的奧妙，按照司馬元顯的意思頒布詔書。司馬道子醒來，發現自己被兒子奪走了實權，非常惱怒可是又無可奈何。他索性更加縱情酒色，把國家交給了司馬元顯打理。

起義成敗，領導能力很重要

一

　　司馬元顯年少得志，非常想有所作為。他面臨的困境是志向遠大，實力卻很薄弱。司馬元顯和朝廷面臨著上游三刺史的重兵壓迫，能指揮的生力軍只有倒戈而來的北府軍。司馬元顯想要建立一支嫡系部隊，便動起了徵兵練兵的念頭來。

　　建康朝廷表面上擁有秦嶺淮河以南的廣袤地區，實際能夠控制的領土少得可憐。中原各郡縣和北伐拉鋸，控制不了；中游的荊州、湘州和江州長期被荊州軍盤踞；四川和兩廣地區遠水解不了近渴，剩下來就只有長江下游的揚州了。所以我們看到，權臣要控制朝廷往往兼任揚州刺史。司馬元顯為了把揚州刺史抓到手裡，還不惜算計他父親司馬道子。實際上，揚州也不是全境都受朝廷控制，建康政令只能施行在東方的會稽（治山陰，浙江紹興）、臨海（治章安，浙江臨海）、永嘉（治永寧，浙江永嘉）、東陽（治長山，浙江金華）、新安（治始新，浙江淳安）、吳（治吳，江蘇吳縣）、吳興（治烏程，浙江吳興縣）、義興（治陽羨，江蘇宜興縣）八郡。這八郡也是眾多的世族大家集中之處，他們控制著眾多的土地、人口，免賦逃稅。朝廷的賦稅、兵役只能加在八郡的普通百姓頭上。

　　司馬元顯知道八郡百姓已被壓榨得疲於奔命了，從中招募不了多少軍隊，他把目光轉移到了世族大家們控制的人口身上。這些人口，既包括沒有人身自由的奴隸，也包括依附世族大家的門生故舊、食客、佃農和家丁家將。司馬睿時期的征西將軍戴淵，其部下就有戴家控制人口改

編的一萬軍隊。戴家只是江南的世家大族之一，他們能控制這麼多人口，其他家也不遜色。西元三九九年，司馬元顯下命令：徵發江南諸郡免奴為客者（已經脫離奴隸身分卻還依附他人的人口）當兵，號稱「樂屬」。徵兵令激起了普遍不滿。世族大家們不滿，因為朝廷要徵發他們的依附人口；被徵發的老百姓更加不滿，因為他們被強迫去當兵當炮灰。結果司馬元顯兵沒有徵發來多少，把江南的百姓都給得罪了。

民心騷動。野心家乘虛而起。江南民間盛行五斗米教，信眾很多。去年王恭起兵的時候，五斗米教首領孫泰以反王恭之名，聚攏信眾起義。孫泰起義規模很小，被朝廷鎮壓了，孫泰父子全部被殺。孫泰的姪子孫恩僥倖逃脫，躲藏在海島上，繼任為五斗米教的首領。果然在海島上躲藏了一年，孫恩見民怨沸騰，於西元三九九年從海島率徒黨百餘人攻破上虞縣，在柴火堆上點燃了第一把火。

對徵兵令不滿的百姓和五斗米教的信眾紛紛加入孫恩的行列。八郡遭受朝廷的剝削最重，一般百姓也累積著反朝廷起義的情緒。孫恩進展順利，很快攻破會稽郡。會稽是江南重鎮，王謝等世族大家的根據地。會稽被攻破，震動了天下大局，東晉地方官心驚膽寒。百姓奔走相告，各地都有攻殺官吏、響應孫恩的起義。沒幾天，孫恩的部隊超過了十萬。

消息傳到建康，司馬道子驚慌失措，終日在廟中祈禱。司馬元顯慌忙派遣謝琰、劉牢之率領北府軍南下鎮壓。

孫恩起義，缺乏周密的組織，成功具有很強的偶然性。孫恩身為領袖，個人素養實在令人不敢恭維。《晉書》說孫恩家族是八王之亂時趙王爪牙孫秀的族人，在講究門第出身的東晉，這樣的出身在政壇上實在難以啟齒，加上南渡又比較晚，所以在朝廷中沒占據重要位置，還遭

到大族的歧視。猜想孫家人長期被排斥在體制外，累積了強烈的造反情緒。所以，孫泰、孫恩叔姪轉而借重五斗米教，有報復大族、為己牟利的目的在。這樣的人煽動不滿人民造反，能量就相當可觀了。孫恩短期內就兵強馬壯，又占領重鎮會稽，沒有擴大戰果，而是率領黨徒在諸郡燒殺搶掠，毀房屋，塞水井，砍林木，擄掠婦女，只知破壞不知建設。東晉朝廷從初期的驚慌中反應過來後，從北向南壓迫起義軍。孫恩沒有組織北方各地的百姓反抗晉軍，謝琰收復義興、吳興兩郡，劉牢之收復吳郡，兵鋒抵達浙江岸邊。起義百姓紛紛逃往會稽。

孫恩顯示出了可笑的短視。旗開得勝時，他向信徒們承諾「我們馬上要到建康坐擁天下了」；聽說北府兵來了，孫恩立即縮小了大目標，說：「就算我只割據浙東，總也能做勾踐第二！」北府兵渡過浙江後，孫恩就說：「我並不覺得逃跑是丟人的事情。」謝琰、劉牢之兵臨會稽城下，孫恩根本不做抵抗，擄掠男女二十餘萬人逃往海島。

東晉朝廷在形式上收復了全部失地。海島上的孫恩保有不可小覷的軍力，不斷騷擾浙東各郡縣。

二

西元四○○年，孫恩在海島上窺伺時機。獲勝的謝琰鎮守會稽。謝琰自負在淝水大破苻堅大軍的戰功，將孫恩視為「小賊」不放在心上，會稽守備鬆懈。孫恩登陸突襲，連破餘姚、上虞等縣，進攻會稽。謝琰草率領兵迎戰，兵敗後被部下所殺。謝琰的死，從微觀上來看是朝廷和

孫恩力量角逐的一次反覆，從宏觀上來看則象徵著門閥士族力量從此喪失了軍隊實權：謝琰死後，再也沒有世族子弟擔任重要的軍事職位。一來是世族子弟不屑於領兵打仗這種「俗事」，二來是長期養尊處優的世族子弟們也沒能力領兵打仗——這點從王恭騎不了馬就能看出來。

世族子弟不行了，朝廷只能依靠寒門人士了。當年年底，劉牢之負責東征孫恩，率領北府兵尋找孫恩決戰。孫恩不敢接戰，再次主動退入海島。劉牢之就屯兵上虞等處，監視孫恩。

朝廷鎮壓孫恩的軍事行動，讓一個中年軍官開始為人矚目。他就是劉牢之派去衛戍句章城（今浙江寧波南鄞江南岸）的劉裕。劉裕是劉牢之的部將，曾受命率數十人偵察義軍的行動。偵察途中，劉裕遭遇起義軍數千人的包圍。他沒有絲毫膽怯與猶豫，勇敢地率領偵察小隊投入戰鬥。結果所有隨從都戰死了，劉裕也墜落到水中。部分起義軍到岸邊，想下去捉拿劉裕，劉裕揮舞長刀砍殺了好幾個人，重新登岸大叫著與人決鬥。最後，起義軍不再與他糾纏，過路而去了。劉裕奇蹟般地生還，並報告了起義軍的動向。劉裕作戰勇猛，披堅執銳，衝鋒陷陣，讓同伴和長官刮目相看。劉裕不僅勇猛凶悍，而且帶兵有方，在部隊的聲望越來越高。句章城很小，劉裕部下戰士只有數百人。劉裕身先士卒，經常被堅執銳衝鋒在前，每戰都摧鋒陷陣，能擊破敵軍，使得小小的句章城成了朝廷在沿海的堅固堡壘。東征的其他官軍毫無軍紀，到處劫掠，塗炭百姓，只有劉裕治軍整肅，法紀嚴明。百姓們都喜歡投奔劉裕的軍隊尋求保護。因為討亂有功和劉牢之的賞識，劉裕戰後被朝廷封為建武將軍，領下邳太守。

西元四〇一年二月，孫恩第三次登入掠戰。他率大軍進攻句章，攻不下來，反而遭到劉牢之率軍反擊，不得不退走入海。三月，孫恩攻海

鹽，依然攻不下來。這回是劉裕帶兵來救援海鹽，孫恩主動退兵，北上進攻滬瀆（今上海）。滬瀆被孫恩攻克，包括吳國內史袁崧在內的四千官兵被殺。孫恩部隊士氣大振，六月乘勝逆長江而上，又成功攻克丹徒。至此，孫恩部隊再次迅速膨脹，擁眾十餘萬，樓船千餘艘，軍旗遮天蔽日。

丹徒離建康很近。朝廷守衛建康的兵力薄弱。司馬元顯一邊戒嚴，一邊急調在浙江的北府兵遣將入衛京師。停駐海鹽的劉裕，率不滿千人的小部隊長途馳援建康。短視的孫恩這時又犯了一個致命錯誤：他沒有抓住建康空虛的良機，派出輕兵進攻建康，而是坐在高高的樓船上，指揮十幾萬人的大部隊一起進軍。那樓船幾層樓高，非常笨重，又是逆江而上，行進速度非常緩慢，很快就被劉裕的部隊在鎮江追上。孫恩仗著人多勢眾，這回敢和劉裕正面交戰了。他率部隊登陸，搶占鎮江的蒜山，阻擊劉裕。劉裕所部不顧勞累，毅然猛攻蒜山。孫恩起義軍為烏合之眾，很快潰散。孫恩退至船上，放棄陸路，全力從水路進逼建康。劉裕在岸上隨行監視。起義軍的樓船實在太慢了，又花了好幾天才到達建康郊外的白石壘。眼看建康就在眼前了，可惜劉牢之率領的大部隊也趕到了。孫恩畢竟心虛，不敢主力決戰，放棄攻打建康，分兵襲取北岸的廣陵（今江蘇揚州），再率主力北上進攻鬱洲（今江蘇雲臺山），打敗高雅之率領的晉軍。不過，這只是孫恩起義軍的迴光返照而已，之後再次退入大海。

孫恩從海上南下，西元四○二年入寇臨海郡。海上畢竟生活不便，依賴陸地補充給養，所以孫恩盤踞海上一段時間後總得登陸劫掠。不想臨海的晉軍勇敢迎戰，擊敗了孫恩。孫恩窮困不堪，對前途喪失信心，投海自殺。

三

孫恩死後，餘眾推孫恩的妹夫盧循為首領，盤踞在浙江東南沿海。

盧循也出身世族，因為門第不高，南渡較晚，在東晉遭到排擠。他起兵同樣帶有濃厚的私心。朝廷就對盧循施以懷柔，任命他為永嘉（今浙江溫州）太守，希望招安起義軍的餘部。盧循接受了任命，可是依然率領部隊在現在浙江金華、溫州一帶劫掠。朝廷痛下決心，派劉裕南征，力求斬草除根。盧循在劉裕的追擊下，泛海而逃。

盧循率眾向南逃亡，越過福建，來到了廣東沿海。西元四〇四年，盧循攻陷番禺（今廣州），釀成大亂。東晉朝廷考慮廣州偏遠，鞭長莫及，在第二年（四〇五年，義熙元年）順水推舟提升盧循做廣州刺史。盧循和起義軍能夠在南海一隅安定下來，不作亂，尊奉朝廷，未嘗不是解決問題的一個方法。盧循也有這個意思。他自己做了廣州刺史，成了一方藩鎮，又任命姐夫徐道覆做始興（今廣東韶關）相，扼守南嶺，大有關起門來安居嶺南的意思。

可是徐道覆卻不甘寂寞，一心要捲土重來。在廣東的五六年時間裡，徐道覆暗中操練兵馬、打造軍械，慫恿盧循北伐。相對應的是，北方的東晉實權逐漸落入劉裕的手中。劉裕掌權後的主要精力在北方，發動了多次北伐。徐道覆見劉裕遠征在外，大軍一時難以返回，覺得是東山再起的良機，便不徵求盧循意見，在義熙六年（四一〇年）二月從始興北伐。盧循阻止不及，不得不參與行動。盧徐兵分兩路，盧循攻長沙，徐道覆進入江西。

　　盧循的部隊是「三吳舊賊，百戰餘勇」，在廣東新招募的「始興溪子，拳捷善鬥」，戰鬥力很強，加上休養操練多年，北伐後勢如破竹。東晉地方官聞風逃竄。江州刺史何無忌領兵迎敵，陣亡。盧循和徐道覆聯軍，逼近建康。建康人心惶惶。劉裕正在北伐南燕的前線，聞訊擔心建康有失，只帶幾十名隨從輕裝返回建康指揮禦敵。

　　劉裕趕到建康後，考慮到北伐的將士尚未返回而且剛剛經歷大戰，勞頓多病，因此主張消極防守。鎮守姑孰的豫州刺史劉毅本是劉裕開創期的盟友，後來地位落在了劉裕的後面，漸漸與之不睦。他力主出兵迎擊盧徐，企圖借戰功壓過劉裕，進而奪權。劉裕從大局出發寫信勸阻，又派人去面勸他暫緩出兵。劉毅鐵了心要出兵，帶上兩萬精兵和全副家當迎敵，結果在桑落洲一戰被盧循殺得落花流水。幾百艘大船和堆積如山的輜重都成了起義軍的戰利品。他本人歷盡艱辛，才逃回建康。

　　劉毅這一敗，大大損耗了東晉的有生力量。剩下建康的幾千守軍，要對抗十幾萬起義軍。形勢危如累卵。劉裕懸出重賞，招募建康百姓當兵，又動員民眾修治石頭城，集中兵力扼守石頭城。敵我力量對比依然懸殊。

　　當年五月中旬，起義軍包圍建康，秦淮河入江口都出現了盧循的士兵。徐道覆主張燒毀舟艦，登陸猛攻建康各個城門，以示有進無退的決心。起義軍占有優勢，再破釜沉舟，也不失為鼓舞士氣的妙計。如此重要關頭，盧循還對前途沒有信心，怕燒了船再戰敗了就無路可逃了，留著船還能留條後路。他主張暫緩攻城，採取圍城的方式，寄希望於建康主動投降。盧循藉口說：「從大勢看來，建康不日自會潰亂。」他分兵攻掠周邊各縣。徐道覆無可奈何，悲嘆道：「我終為盧公所誤，大事將不成；我若能為英雄效勞，天下可定也！」起義軍沒有集中兵力對建康城

發動猛烈攻勢，零星的挑戰都被劉裕遏制了。劉裕也勒令部將不准出城挑戰，凡是違令出戰失利的都被他斬首。建康城最終守住了。而盧循在建康周邊的攻掠收穫不大。相持到七月，起義軍士氣疲乏，盧循主動退到潯陽休整。

劉裕並沒有追擊盧循，還是派沈田子等帶兵數千，從海路南下偷襲起義軍的老巢廣州。盧循北伐傾巢而出，留守廣州的兵力微乎其微，很快被消滅。沈田子的數千晉軍竟然攻占了廣州，讓起義軍無家可歸。消息傳到長江前線，起義軍軍心動搖了。戰爭形勢大變。

十月中旬，劉裕從建康出師，主動與起義軍決戰。盧循接連失利，徐道覆企圖西進占領荊州，又在江陵為荊州刺史劉道規所敗。年末，盧循、徐道覆帶著幾千殘部退回嶺南。

西元四一一年，劉裕派兵平定嶺南。二月，徐道覆在始興戰敗被殺。盧循反攻廣州又為沈田子所敗，逃往交州，在今天的越南河內附近被東晉的交州守軍打敗。盧循走投無路，毒死家人，然後學孫恩那樣投水而死。他的死，代表著孫恩起義的最終結束。

孫恩首義的江南農民起義跨越了十多年，縱橫半個中國，席捲數十萬百姓，是魏晉南北朝時期規模最大的農民起義。起義重創了本已衰微的東晉朝廷，為實權人物的上臺鋪設了基礎。這裡說的實權人物，除了上文說的劉牢之、劉裕，還有身為長江三刺史聯盟盟主的桓玄。

桓玄：篡國虎父無犬子

一

孫恩起義的導火線是司馬元顯的大徵兵。他徵兵的目的，是對付長江上游的三刺史聯盟。

在這三個刺史中，江州刺史桓玄值得大書特書。桓玄是大權臣桓溫的小兒子。桓溫眼看就要逼宮篡位成功了，最後還是被謝安給拖死了。桓溫死後，年幼的桓玄繼承了南郡公的爵位。此時的桓家雖然還保留著不俗的軍事和政治實力，但和桓溫在世時畢竟不能同日而語了。桓玄七歲的時候，荊州文武聚集在叔父桓沖家。桓沖摸著桓玄的小腦袋，無限感嘆地說道：「這些人，之前都是你家的部屬、幕僚啊！」桓玄竟然能聽懂這句話的意思，淚流滿面，驚動滿堂賓客。

東晉朝廷沒有追究桓家逼宮篡位的罪行，但對桓氏子弟非常防備，桓玄兄弟的仕途非常不順。桓玄直到二十三歲那年（西元三九一年）才被任命為太子洗馬。而一般的世族子弟年滿二十歲都能位列朝堂了。幾年後，桓玄出京擔任義興太守。他覺得不得志，登高望震澤，嘆道：「父為九州島伯，兒為五湖長！」於是乾脆棄官回到封國南郡（今湖北江陵），將對朝廷的不滿和重振父業的野心潛伏在心底。

西元三九七年，王恭第一次起兵反對司馬道子和王國寶的時候。桓玄敏銳意識到這是一個順勢出頭的機會。當時的荊州刺史殷仲堪在司馬道子和王恭之間搖擺不定。桓玄就去勸他：「聽說朝廷要徵召刺史大人入京擔任中書令了，不知道消息是否準確？」一下子就點中了殷仲堪害怕司馬道子削藩，奪去手中實權的心理。殷仲堪於是決心參與王恭起兵，

並分兵給桓玄率領，以之為前鋒。

這次起兵以司馬道子殺王國寶當替罪羊，王恭主動罷兵結束。桓玄斷定司馬道子懦弱無能，在第二年（三九八年）向朝廷求授廣州刺史的官職。司馬道子本就將桓玄看做潛在威脅，希望他走得越遠越好，爽快地任命其為廣州刺史。想不到，桓玄只是刺探而已，接受了廣州刺史的任命並不到番禺去上任，繼續逗留在荊州等地。桓玄在荊州拉幫結派，聚攏力量，行為豪縱，儼然是荊州真正的主人。官民都忌憚他。荊州刺史殷仲堪的親黨勸刺史除掉桓玄，殷仲堪優柔寡斷，遲遲不敢動手。馬上，王恭第二次起兵。殷仲堪、桓玄和南郡太守楊佺期聯合出兵。荊州內部的矛盾就暫時冰封起來了。

這次起兵的結果是王恭被殺，殷仲堪等三人得到安撫，都被任命為刺史。三位刺史在潯陽結盟以求自保。桓玄因為家族聲望和歷史的緣故，被推為盟主。做了盟主後，桓玄更加驕縱。三人內部矛盾突顯。雍州刺史楊佺期為人驕悍，在與前秦的戰鬥中累積軍功不斷得到提升，算不上官場正途，為世族子弟所輕視。但他常常自詡家世華胄，是天下數一數二的豪門（他是弘農人，自稱是弘農楊氏一員）。桓玄一點面子都不給他，每次都直呼楊佺期為「寒士」，處處壓制他。楊佺期嚥不下這口氣，早在三人築壇定盟的時候就計劃偷襲桓玄，殺掉他。殷仲堪擔心楊佺期勇武，恐怕他消滅桓玄後就要奪自己的荊州地盤，苦苦勸楊佺期不要魯莽行事。楊佺期這才隱忍不發。三人結盟後，各歸轄區。殷仲堪回江陵當他的荊州刺史，楊佺期去襄陽鎮守。桓玄知道了楊佺期憤恨自己，又想吞併楊氏地盤，就屯兵夏口（今武漢）。三個盟友就各懷鬼胎，相互防備著。

司馬元顯了解三人的嫌隙，要誘發三人衝突並坐收漁利，就將楊佺

期管轄的四個郡劃撥給桓玄。楊佺期和桓玄的矛盾進一步加深了。

　　不久荊州發大水，殷仲堪這個父母官全力賑災，拿出老本撫卹災民，造成荊州倉廩空竭。桓玄乘人之危，發兵討伐殷仲堪。江陵是桓玄的封地，哥哥桓偉還留在江陵。桓玄就密報桓偉，讓他做內應。桓偉遑遽不知所為，竟然把信件拿去「請教」殷仲堪。殷仲堪劫持桓偉為人質，讓他寫信給桓玄。桓偉在信中，滿紙淒苦，可憐巴巴的。桓玄卻對部下說：「殷仲堪為人優柔寡斷，患得患失的，老是考慮妻兒家室。我哥哥肯定沒有危險。」桓玄繼續督率大軍，步步進逼江陵。殷仲堪派兵迎戰，被桓玄接連打敗。桓軍推進到距離江陵只有二十里的地方。殷仲堪之前向楊佺期求救，楊佺期擔心江陵物資短缺、缺衣少食的，難以持久。殷仲堪就寫信騙楊佺期說江陵儲備豐厚，物資和軍需都沒有問題。楊佺期信以為真，和哥哥楊廣一起從襄陽增援江陵。桓玄很擔心楊佺期部隊的銳氣，避其鋒芒，全軍暫且退後。楊佺期圍追其後，桓玄部隊突然調轉槍頭迎戰。經過一番苦戰，楊佺期部隊潰敗，逃奔襄陽。桓玄派將軍馮該追擊。楊佺期、楊廣兄弟分頭出逃，還是被俘虜，送到桓玄面前，雙雙掉了腦袋。困守江陵的殷仲堪得知楊佺期的死訊，勇氣喪盡，帶上數百人棄城北上，要投奔後秦的姚興，途中被馮該俘虜。桓玄下令殺死殷仲堪。此前，桓玄在進軍江陵的途中，假傳聖旨給梁州刺史郭銓，說朝廷已經將郭銓劃歸自己指揮。糊塗的郭銓莫名其妙地交出了權力，服從桓玄的指揮，做了征討荊州的前鋒。這些都是隆安三年（三九九年）的事情。

　　三刺史聯盟僅僅維持了一年時間，桓玄就消滅了荊州刺史殷仲堪、雍州刺史楊佺期二人勢力，盡占長江中游一帶。次年（四○○年），朝廷不得已，根據桓玄的請求任命他為都督荊、司、雍、秦、梁、益、寧、

江八州及揚、豫八郡諸軍事、後將軍，兼任荊江兩州刺史。至此，桓玄恢復了父親桓溫時期的勢力範圍。

二

　　桓玄是東晉最大的實權人物了。朝廷雖然由司馬道子、司馬元顯父子相繼專權，但能夠管轄的僅僅是江南八郡而已，江北由北府兵劉牢之、豫州刺史司馬尚之分割，江南又爆發了孫恩起義，一度失去控制。總之朝廷是四處樹敵，捉襟見肘，處置乏力。而桓玄掌握著東晉超過一半的領土（他自稱三分天下有其二），募兵徵糧，持續自肥。桓玄本就有野心，如今更是大造輿論，說什麼「國運轉移」，還屢次在轄區內製造祥瑞「進獻」給朝廷，名為宣示個人功績，實為公然示威。

　　照此發展下去，桓玄遲早要重複其父桓溫逼宮篡位的覆轍。長痛不如短痛，元興元年（四〇二年）正月，血氣方剛的司馬元顯控制朝廷下詔討伐桓玄。他自任征討大都督，以劉牢之做前鋒都督、征西將軍。為了拉攏劉牢之，司馬元顯剝奪桓玄的江州刺史官職，轉授給劉牢之。

　　桓玄沒有想到朝廷這麼快就公開討伐自己。他之前敢高調示威，是覺得揚州饑饉，孫恩未滅，司馬元顯沒有能力討伐自己。桓玄盤算著趁機蓄力養眾，等力量更強大些再和朝廷攤牌。聽說司馬元顯討伐自己，桓玄一開始感到害怕，想放棄東部郡縣，退保大本營江陵。長史卞範之勸他說：「桓公英略威名振於天下，司馬元顯只是個乳臭未乾的小兒，劉牢之是個反覆小人。您如果兵臨京師，示以威賞，敵人必然土崩瓦解。

如今為什麼要引敵入境主動示弱呢？」桓玄有了信心，留哥哥桓偉守江陵，召集兵馬順江而下進駐潯陽。到了潯陽，桓玄移檄建康，公布司馬元顯的罪狀，反過來聲稱要討伐司馬元顯。

這回輪到司馬元顯害怕了。他也就是一時意氣用事，沒有消滅桓玄的周密計畫，也沒有想到桓玄如此強硬的態度。他本來已經上了船，大軍準備開拔了，看到檄文後遲遲不敢動身。仗還沒開打，司馬元顯就在氣勢上輸了。

那邊，桓玄一邊順江而下，一邊還內心交戰。他懷疑部眾敢不敢與朝廷大軍作戰，會不會取勝。等到過了潯陽，還沒有見到司馬元顯的一兵一卒，桓玄懸著的心終於落了下來，部隊的士氣也高漲起來。桓玄兵抵姑孰，派遣部下擊破了傾向朝廷的襄城太守司馬休之和豫州刺史司馬尚之。

司馬元顯沒主意了，派使者向劉牢之詢問戰事。劉牢之也害怕。他一來擔心桓玄威名鼎盛，手下有大批精兵強將，取勝的希望不大；二來，劉牢之擔心即便平定桓玄了，自己也會功高震主，必定不能為司馬元顯所容。所以劉牢之猶豫不決，消極進軍，磨磨蹭蹭地帶著北府兵進駐建康西南的溧洲就止步不前了。

桓玄適時地派其族舅何穆來當說客，勸劉牢之說：「高鳥盡，良弓藏；狡兔殫，獵犬烹。文種被勾踐逼死，白起被秦始皇殺死，韓信被劉邦殺死，這些都是前車之鑑。那些英雄霸王之主，還不敢信其功臣，況且是愚昧平庸之流！盤古開天地以來，戴震主之威，挾不賞之功，以見容於暗世者，有誰呢？現在你的情況是，戰敗了則家族不保，戰勝了也難逃滿門抄斬的命運，你想怎麼辦？倒不如幡然醒悟，與桓公聯手，保有富貴。身與金石等固、名與天壤無窮，比起手足異處、身名俱滅、為天下

人恥笑，你選哪個？」劉牢之聽了，覺得何穆所言有理，要派使者去向桓玄請降。

外甥何無忌和部將劉裕苦苦勸諫，覺得桓玄不可靠，劉牢之都聽不進去。兒子劉敬宣也勸阻說：「今國家衰危，父親和桓玄是天下最有實力的兩個人。桓玄借家族優勢，據有全楚，割朝廷三分之二領土，威望已成，父親恐怕難以與他共存。父親如果投靠他，只怕董卓之變，將在今矣。」劉牢之怒道：「你說的這些我難道不知道？今日，我是可能打敗桓玄；但平定桓玄之後，我又怎麼和司馬元顯相處呢？」最終，劉牢之還是派劉敬宣至桓玄營中請降。

桓玄大喜，熱情款待劉敬宣。他接受了劉牢之的投誠，但對北府兵早有處置。那就是要分化、殺戮北府兵，不能讓它繼續存在。荊州將領們都知道桓玄的心意，在招待劉敬宣的席上莫不相視而笑，笑話劉牢之的愚昧和短視。劉敬宣卻被蒙在鼓裡。

劉牢之率北府兵投降後，戰爭實際上已經結束了。桓玄大軍沿江而下，進至新亭。司馬元顯棄船退入建康城中，桓玄軍隊輕鬆登陸。司馬元顯退無可退，硬著頭皮整軍在宣陽門外列陣迎戰。無奈，軍心已亂，晉軍不戰自潰。司馬元顯匹馬逃回城中，身後只有一個謀士跟隨。他逃到家裡，問父親司馬道子怎麼辦。司馬道子只是對著他哭泣，拿不出任何主意了。很難想像，東晉朝廷竟然被這樣兩個父子操縱了二十年。桓玄兵不血刃進入建康，抓住司馬元顯，將他和之前被俘的司馬尚之一起殺死。司馬元顯當時才二十歲而已。司馬道子被放逐到安成郡，很快就被毒死，也才三十九歲。

桓玄控制白痴皇帝司馬德宗，自任丞相、都督中外諸軍事，又派遣家人、親信占據要津，控制了東晉朝野。

三

　　桓玄掌權後，首要的事情就要削弱鎮壓北府兵。他任命劉牢之為征東將軍、會稽太守，剝奪了軍權。劉牢之恍然大悟：「一轉眼，桓玄就奪我兵權，禍將至矣！」劉敬宣就勸劉牢之趁著軍權還沒有交出去，襲擊待在建康丞相府中的桓玄。關鍵時刻，劉牢之顯示出了低劣的政治素養，經過一番猶豫不決，劉牢之沒有採納兒子的建議，而是計劃帶著北府兵渡過長江，與在江北的女婿高雅之聯合據守北岸和桓玄相持。

　　劉牢之招集北府兵將領商議去留，不想大家對他的主張都默不作聲。參軍劉襲打破沉默說：「事不可者莫大於反，將軍往年反王兗州，近日反司馬郎君，今復欲反桓公。一人而三反，豈得立也？」說完，劉襲快步離開，將領們紛紛走散。劉牢之的主張得不到部下的支持。他已經安排兒子劉敬宣先到京口安置家眷，如今見兒子失期未到，以為他遭遇不測。眾叛親離之下，劉牢之自縊而死。不一會兒，劉敬宣趕了回來，見父親已死不敢哭喊，急忙投奔高雅之而去。北府兵將吏將劉牢之安葬在丹徒。桓玄不依不饒，下令斫棺斬屍，把劉牢之屍體拋暴於大街上。一代名將，落得如此下場。

　　除去心腹大患劉牢之後，桓玄再矯詔任命自己為太尉、都督中外諸軍事、揚州牧、領豫州刺史，完全掌控了國政。對群龍無首的北府兵，桓玄舉起了血腥的屠刀，接連殺害了高素、竺謙之、竺朗之、劉襲、劉季武、孫無終等北府舊將。劉敬宣、高雅之和冀州刺史劉軌（劉襲的哥哥）起兵反桓自保，被桓玄打敗。三人北逃，投降了南燕的慕容德。

剩下的北府兵系統的將領人人自危。劉牢之的外甥何無忌去找劉裕，詢問：「我們怎麼辦？」劉裕相當鎮定地回答：「你可隨我回京口。桓玄如果能效忠朝廷，我們就服從他，聽他指揮。如果桓玄有篡國謀權的舉動，我們就對付他。現在正是桓玄矯情樹威、施展拳腳的時候，肯定用得著我們這樣的人。」果然，桓玄劀除了一批北府兵將領，並沒有對剩下的人斬盡殺絕，而是希望他們為己所用。他派堂兄桓修鎮守丹徒，任命劉裕為中兵參軍。其他北府將領依然在位。這說明桓玄想殺一派拉攏一派，收編利用北府兵。而劉裕在劉牢之之後，無形中成了北府將領的中堅力量，大家都向他靠攏。

元興二年（四○三年）二月，桓玄矯詔自任大將軍。大將軍之職，幾乎是奸臣謀權篡位之前必經的一道官階。桓玄的意圖已經很清楚了。同年九月，他又加授相國，封楚王，封地有十郡，並加九錫，準備篡位了。

篡位之前，桓玄環視天下，最不放心的還是北府兵殘餘力量。於是，他派堂兄桓謙前去刺探劉裕對自己篡位稱帝的態度。桓謙屏退眾人，問劉裕：「楚王勳德隆重，四海歸懷。朝廷各位公卿大臣的意思，都是希望皇帝禪位給楚王。不知道劉將軍意下如何？」劉裕毫不猶豫地回答說：「楚王是宣武之子，勳德蓋世。桓氏家族，世代都是朝廷的功臣支柱。晉室微弱已經很長時間了，早已失去民心。現在楚王是眾望所歸，乘運禪代，有何不可！」桓謙聽完，大喜過望：「劉將軍說可以，那就真的是可以了！」他馬不停蹄地回到建康。桓玄得報，以為自己得到了劉裕為代表的北府舊將的支持，再沒什麼忌憚的了。

西元四○三年十二月，又一幕「禪讓」大劇上演。白痴的晉安帝司馬德宗獻出國璽，禪位於桓玄。桓玄經過一番辭謝表演後，粉墨登場稱

帝，國號「楚」。歷史上將這個政權稱為「桓楚」。

　　篡位後，桓玄貶司馬德宗為平固王，遷居潯陽。

　　關於新朝的年號，桓玄一開始下詔，定年號為「建始」。右丞王悠之指出八王之亂時，篡位的趙王司馬倫用過「建始」這個「偽號」。桓玄就改年號為「永始」，結果這個年號又曾經是王莽剛執政時西漢末年的年號，還是很不吉利。桓玄用它的本意可能是希望自己的楚政權保持朝氣，永遠欣欣向榮，事情的發展能如他所願嗎？

桓楚注定是個短命的偽政權

一

桓楚政權的建立，可謂是機遇與挑戰並存。桓玄接手的是經過朝廷權臣、外藩強將和孫恩起義軍輪番蹂躪過的亂局，百姓困苦，朝政混亂，事情千頭萬緒。可從反面來說，屢經動亂之後人心思歸一統，呼喚有人出來收拾亂局。這就為桓玄施展拳腳、建立功業提供了輿論基礎。只要他做出實實在在的成績了，哪怕就是比司馬道子和司馬元顯父子好那麼一點點的政績來，人們都會說他好的。桓玄面臨的問題，儘管棘手，卻很容易做出成績。

桓玄入主中樞的初期，的確給人耳目一新的感覺。《晉書》也承認他「初至也，黜凡佞，擢俊賢，君子之道粗備，京師欣然」，起碼建康附近得到了治理。

然而沒過多久，桓玄就暴露出拙劣的品行來，讓人大失所望。

不客氣地講，桓玄到現在為止的成功，主要靠的不是他的能力，而是對手實在太遜太無能，而他的家世基礎又著實很強。至於桓玄本人，「本無資力，而好為大言」。做個指點江山的文人談客，桓玄綽綽有餘，可要治國平天下，他就是個繡花枕頭了。桓玄即位後，沒有全盤撥亂反正的計畫，更不知道如何著手建設，做的都是些無關緊要或者沽名釣譽的行為。比如，桓玄好施行小惠以籠絡人心。他親自審訊囚犯時，不管罪刑輕重，多予釋放；對於攔御駕喊冤的人，也都給予救濟，對罪犯和申冤者反映的問題則不聞不問。在政務處理方面，桓玄繼承了先前繁瑣苛刻的風格，又喜歡炫耀自己。有官員將詔書中「春搜」字誤繕為「春

菟」，桓玄就把經辦人員全都降級或免職，來顯示自己明察秋毫。

桓玄在富貴鄉裡長大，喜歡奇珍異寶，珠玉不離手。他不僅享受，還百般搜求寶物。當了皇帝後，桓玄搜求的能力大增。民間有書法名畫或佳園美宅，桓玄都要占為己有。百姓不給，桓玄就威逼強奪，與強盜無異。他還派遣官吏四出求寶，掘果移竹，不遠數千里為他輸送寶物。很快，「百姓佳果美竹無復遺餘」。巧取豪奪的目的是享受，桓玄在享受過程中暴露出了驚人的無能和懦弱。他把蒐集的奇珍異寶和名貴書畫都放入輕舸中。別人勸他沒必要把寶貝都藏在小船裡，桓玄說：「這些書畫服玩應該時刻放在身邊，萬一遇到兵凶戰危損失了多可惜，所以我把它們事先放在船上，遇到緊急情況可以方便運輸。」堂堂九五之尊，首先想到的竟然是如何方便攜帶寶貝逃亡。大臣們不禁暗中發笑。桓玄又喜歡遊玩打獵、興築宮殿，篡位後驕奢荒侈，遊獵無度，夜以繼日。親哥哥桓偉死了，下葬的當天，桓玄白天哭靈晚上繼續遊樂，讓人看不下去。

沒過幾個月，桓玄就因為「陵侮朝廷，幽擯宰輔，豪奢縱慾，眾務繁興」，導致朝野失望，人心思變。

既然朝野都對桓玄失去了信心，那麼誰來推翻他呢？

首當其衝的人選就是那些跨州連郡的世族大家們了。遺憾的是，經過幾十年的安逸享受，世族大家不論在身體上還是精神上都已經腐朽墮落，變得庸碌無能了。孫恩起義時，江南諸郡大饑。腐朽的世族子弟，很多穿著精美的絲綢、懷抱心愛的金玉，關著大門整家整家地餓死。他們連遷徙他鄉或者尋找草根充饑的本領也沒有，當然不能指望他們來推翻桓楚政權了。能夠與桓玄爭奪天下的人選在民間、在軍隊裡。

具體地說，沒有被桓玄斬草除根的北府軍舊部對桓玄心懷怨恨，其中的中堅將領劉裕也思索著推翻篡位的桓玄。桓玄也提防著以劉裕為首

的反對派將領。桓楚建立後，他徵召劉裕進京朝見。西元四〇四年二月，劉裕隨同徐、兗二州刺史，安成王桓修入朝。桓玄見過劉裕後對司徒王謐說：「我昨天見到劉裕了。此人風骨不凡，是天下人傑啊！」於是桓玄每次遊玩集會，都對劉裕優禮有加，厚加贈賜。桓玄的妻子劉氏善於識人。她提醒桓玄說：「劉裕龍行虎步，視瞻不凡，恐怕不是甘心於居他人之下的野心家，應該早些處置他。」桓玄不同意說：「我正要平定中原，非劉裕不可以託付國家大事。等到關隴平定以後，再談處置的問題也不遲。」之後他對劉裕更加優待賞賜，希望劉裕能夠為己所用。

劉裕是不會效忠已經失去人心的桓玄的。他自己也是個梟雄，很快尋找機會離開建康，返回江北。永始二年（西元四〇四年）二月二十七日，劉裕推說打獵，和何無忌糾合了一百多人的小武裝。次日早晨，京口城門剛開。何無忌身穿傳詔書的服裝，詐稱朝廷使者，當先進城，一百多人跟著一擁而入。守將桓修大概連真假還沒有弄清楚，便被砍了腦袋。同日，京口對岸由桓弘駐防的廣陵也發生了政變。劉毅、孟昶和劉裕的弟弟劉道規帶幾十名壯士衝入桓弘府中，將正在吃粥的桓弘殺死。考慮到兵力薄弱難以堅守廣陵，劉毅隨即率眾渡江，與劉裕在京口會合，隊伍壯大到大約一千七百人。

這支不起眼的小部隊誓言推翻桓楚偽政權。當時劉毅、何無忌都是平民百姓，劉裕頂著桓楚政權的建武將軍、彭城內史官職，因此劉毅、何無忌就推劉裕為盟主，號召天下反桓。

首義之初，事情繁雜。劉裕急需一位處理事務的主簿，協助自己。劉毅就推薦了劉穆之，說沒有比他更合適的人選了。劉穆之是莒縣（今屬山東）人，出身平民，博覽群書，精明能幹，做過地方小官，當時正閒居京口。劉裕聽說過劉穆之的文才，立刻派人去請。巧了，劉穆之聽到城中軍隊喧鬧，

出來探望，遇到來請他的使者，就跟著去見劉裕。兩人一見，驚喜地發現志同道合，頓生相見恨晚之感。劉穆之欣然同意擔任劉裕的主簿，負起了劉裕謀主兼祕書長的角色，一上任就將首義事務處理得井然有序。劉裕十分滿意。從此，劉裕和劉穆之開始了「劉備—諸葛亮」般的親密合作。

二

劉裕整頓完畢後，主動進攻建康。桓玄倉促還宮部署應對。他主要有兩個對策。第一是赦免揚、豫、徐、兗、青、冀六州的百姓，收攬人心；第二是任命桓謙為征討都督，派吳甫之、皇甫敷兩人分別率軍北上迎戰劉裕。

三月，劉裕和吳甫之在江乘遭遇。吳甫之是桓玄的驍將，帶領的部隊也是百戰精兵。這一場仗打得異常慘烈，劉裕手執長刀，大呼著親身衝入敵陣。在他帶領下，起義軍奮勇前進，陣斬了吳甫之，擊潰了桓玄的一支部隊。劉裕進軍到羅落橋的時候，皇甫敷率另一支部隊數千人恭候迎戰了。劉裕和一同起兵的檀憑之分別率領一支部隊，衝向敵陣。檀憑之血戰陣亡，其眾退散。劉裕前後奮擊，越戰越勇，最後攻破皇甫敷部隊，將皇甫敷斬首。起兵之初，劉裕、劉毅、何無忌等共建大謀。有相面高手說，劉裕等人日後會大福大貴，只有檀憑之沒有富貴相。劉裕對何無忌等人說：「我等同舟共濟，日後命運不會有偏異，有福同享有難同當，檀憑之也不會例外。」因此，大家都不相信那個相面術士的話。如今，檀憑之戰死，劉裕在悲痛之餘，開始相信術士的預言，對討桓的勝利充滿了信心。

　　吳甫之、皇甫敷接連被殺，桓玄大驚，召集大臣討論。一上來，桓玄就問：「朕會失敗嗎？」曹靖之回答：「如今神怒人怨，臣恐怕前途不妙。」桓玄說：「百姓或許怨恨我，神靈為什麼也發怒呢？」曹靖之回答：「您把晉朝宗廟移到江濱，讓它漂泊失所；大楚的祭奠，只祭奠了先皇（指桓溫），連祖父（指桓彝）都沒有祭奠，上天當然要發怒了。」桓玄追問：「那你之前怎麼不勸諫我？」曹靖之回答：「您身邊的人都奉承您為千古聖君，粉飾現在是堯舜之世，我哪敢多言！」桓玄後悔莫及，又恨又怕。

　　後悔歸後悔，桓玄還得硬著頭皮迎戰劉裕。他一面找術士詛咒劉裕，一面收攏兩萬軍隊，派遣桓謙、何澹之屯東陵，卞範之屯覆舟山西，準備戰鬥。劉裕推進到覆舟山東，讓將士們飽餐一頓後，拋棄餘糧，以破釜沉舟之勢對桓軍發動攻勢。他選派年老羸弱的人在蔣山上分張旗幟，然後指揮部隊分道進攻。桓軍的偵察兵看到後，以為劉裕軍隊人數眾多（其實才幾千人馬），回去報告桓玄：「裕軍四塞，不知多少。」桓玄更擔心了，加派庾頤之帶領建康城內的精兵增援前線。

　　決戰正式開始，劉裕、劉毅等將領身先士卒，直前衝擊。將士人人死戰，喊聲驚天動地。劉裕見東北風急，就沿途放火焚燒，煙塵張天。建康城內都能聽到城外鏖戰的聲音，看到漫天的煙塵。桓軍士氣低落，劉裕等人鬥志昂揚，結果桓謙等諸軍被擊潰，紛紛後逃。城內，桓玄集合親信數千人，揚言要出城與劉裕決一死戰，暗地裡帶著兒子桓升、姪子桓浚等出建康西掖門，到達石頭城，坐上事先準備好的小船，向長江上游逃去。

　　建康落入劉裕手中，周邊郡縣也紛紛反正。起兵不滿一個月，他就成了勝利者。可是更大的麻煩隨即而來：推翻了桓玄以後，政權怎麼辦？建康不能一日無主，起義軍和反正的地區不能群龍無主。劉裕的選擇很少。他可以自己稱王稱帝，可是他是以討伐桓玄篡位起兵的，如今自行

登臺掌權，和桓玄有何區別？又如何安撫天下？況且，和劉裕合作起兵的劉毅、何無忌等人也不會支持。所以，劉裕還是需要把東晉朝廷的牌子給抬出來，在東晉的旗幟下發號施令。問題在於晉安帝司馬德宗已被桓玄軟禁在潯陽了，尚在桓玄控制的範圍之內。怎麼辦？劉裕決定找一個皇室成員出來，暫代朝政。

桓玄篡位後，司馬皇室的子弟都被桓玄貶居外地了。原來的武陵王司馬遵被貶為彭澤侯，被勒令到彭澤（今江西九江彭澤）居住。巧的是，司馬遵出發時船壞了，他就在建康逗留了下來。司馬遵人既在建康，思想又極端反桓。右將軍桓伊曾去拜訪他，司馬遵說：「我家的門不為桓氏開！」左右勸他：「桓伊雖然姓桓，但和桓溫是疏宗，您和他相見無妨。」司馬遵說：「我聽到別人姓木字邊，就想殺了他，更何況他姓桓了！」這樣的人，桓玄篡位後沒有除掉，是一大疏忽。如今，司馬遵成了劉裕搬出來號召天下的理想人選。於是，劉裕等人推舉司馬遵為大將軍，搬入皇宮居住，代行大權。劉裕等人透過司馬遵遷轉百官，將他所轄的命令稱制書。司馬遵大赦天下，但是和桓玄同祖的子弟不在赦免行列。

三

前線的戰爭還在繼續，長江中游一帶的戰火還要蔓延幾年。

桓軍屢次戰敗，桓玄不得不退出建康，到潯陽挾持了晉安帝司馬德宗，繼續向西逃回江陵。對於自己的慘敗，桓玄心裡接受不了，常常整天不吃不喝的——當然了，在撤退途中供給不好，左右送給桓玄吃的都

是粗飯，他也嚥不下去。兒子桓升只有幾歲大，懂事地抱著桓玄的胸撫摸。桓玄更是悲不自勝。對外，桓玄擔心兵敗如山倒。他繼續以大楚皇帝自居，要和劉裕爭奪天下。

西撤後，桓玄唯恐政令不通、法令不肅，施行嚴刑峻法來整肅內部，部眾反而愈加離心。逃亡途中，桓玄開始編輯起居注（記載帝王日常言行的檔案），說到被劉裕打敗的內容，他自稱經略指授算無遺策。既然桓玄神機妙算了，為什麼還失敗了呢？桓玄就痛罵諸將不聽指揮，以致失敗，認為建康失守非戰之罪，而是下面的人執行不力。

四月，司馬遵在建康就任大將軍，發兵討伐桓玄。桓玄也在荊州重整部隊，以投降的前秦太子苻宏為前鋒，東下與劉毅率領的晉軍決戰。桓玄的軍隊始終在數量上占據優勢。劉毅的部隊只有幾千人。桓玄發揚畏戰的一貫傳統，在御船旁邊繫著一條小船，裝著寶物和給養，一看情況不妙隨時準備開溜。下面的將士看到皇帝都是這樣的心理，哪裡還有鬥志。加上劉毅又成功乘風縱火，一場火攻將桓玄的荊州兵殺得大敗。桓玄不但不思收攏敗兵再戰，反而燒掉輜重，連夜逃回江陵。

部將馮該勸桓玄在江陵準備最後的決戰。桓玄完全沒有勇氣，計劃逃亡漢中投靠梁州刺史桓希。他不顧個別忠心將士的勸阻，連晉安帝也不要了，要率部棄城北逃。江陵城中頓時大亂，指揮混亂，政令不通。桓玄帶少數幾個人乘馬出城，出城門的時候遭遇懷恨在心的旁人行刺。刺客沒有刺中桓玄，卻導致桓玄身後最後的部隊相互猜疑，起了內訌。最後，桓玄狼狽地和幾個親人逃到船上，逆江泛舟而去。

桓玄跑後，部分忠於晉室的官員將晉安帝司馬德宗迎入南郡府舍，等候晉軍的到來。

之前，東晉的益州刺史毛璩的弟弟毛瑾死了，他派了其孫毛佑之、參軍費恬帶著二百人出三峽送葬回江陵。毛璩的姪子毛修之是桓玄的屯騎校尉，有心殺桓玄，就勸誘桓玄入蜀。桓玄同意了，在枚回洲遇到了毛佑之和費恬一幫人。毛佑之等人裡應外合，對桓玄發動突襲。一時間箭如雨下，桓玄平時寵幸的近臣丁仙期、萬蓋等人用身體護著桓玄，各中數十箭而死。桓玄也中箭了，兒子桓昇在旁幫他拔出箭來。益州督護馮遷抽刀，跳上桓玄的大船。桓玄一邊拔下頭上的玉飾遞給馮遷，一邊喝問：「你是何人？敢殺天子！」馮遷說：「我是在殺天子之叛賊而已！」刀起頭落，桓玄死了，時年三十六歲。兒子桓昇被抓，他向亂軍大喊「我是豫章王」，可是他的豫章王是桓楚政權封的，保護不了他。桓昇和父親一同喪命。桓玄的腦袋被送到建康，懸掛在大街上示眾。圍觀百姓莫不叫好，可見桓玄多麼不得人心，桓玄政權的速亡也在情理之中。

　　不過桓玄之亂並非徹底結束。桓家經營多年，勢力盤根錯節。桓玄死後，被其姪桓振謚為武悼皇帝。桓振、桓謙、苻宏等人在荊州一帶頑抗。桓振還一度重新攻陷江陵，再次俘虜晉安帝。東晉花了幾年時間才誅殺桓振等人，討平叛軍。直到西元四〇六年晉安帝才回歸建康，司馬遵奉還政權，改拜太保。桓氏子孫部分投降後秦，部分逃入苗中成為南蠻，在東晉絕跡了。

當兵是個很有前途的職業

一

我們有必要回過頭來，著重了解一下劉裕的成長和發跡經歷。

劉裕字德輿，小名寄奴。先祖是彭城綏里人（今江蘇徐州），曾祖劉混時隨晉室南遷，後來遷居到京口（今江蘇鎮江）。劉家是極其普通的城市貧民家庭。

但是《宋書》為劉裕列出了令人眼花撩亂的家族世系。「漢高帝弟楚元王交之後也。交生紅懿侯富，富生宗正闢強，闢強生陽城繆侯德，德生陽城節侯安民，安民生陽城釐侯慶忌，慶忌生陽城肅侯岑，岑生宗正平，平生東武城令某，某生東萊太守景，景生明經洽，洽生博士弘，弘生琅琊都尉悝，悝生魏定襄太守某，某生邪城令亮，亮生晉北平太守膺，膺生相國掾熙，熙生開封令旭孫，旭孫生混，始過江，居晉陵郡丹徒縣之京口里，官至武原令。混生東安太守靖，靖生郡功曹翹，是為皇考。」也就是說劉裕是西漢劉邦的弟弟楚王的後裔。在他的祖先中，封侯拜將是很容易的事情。這一串家族世系基本上是瞎說。它只能證明南朝宋時期的皇室是多麼在意自己的家庭血緣，因此不遺餘力地往自己臉上貼金。

退一步說，即使世系存在，也只能說明劉裕雖然是西漢楚元王劉交的後裔，但早已經敗落了。起碼按照《宋書》的記載，到劉裕的父親劉翹的時候，劉家已經家道衰落。劉翹一生，僅居郡功曹（郡守屬吏）的職位。就是這個郡功曹的職位也極可能是虛構的。因為郡功曹也算是地方的士紳大官，家裡多少也有些家底。但是從劉裕日後赤貧的生活來說，他的父親劉翹怎麼可能不為兒子留家產，怎麼就眼看著兒子缺衣少

食呢？因此，劉翹本人極可能只是官府的一名底層衙役，或者乾脆就是一個底層農民。

根據《宋書・武帝本紀》推斷，劉裕生於興寧元年三月壬寅夜，即西元三六三年四月十六日。出生時，母親在生產中死了，父親劉翹因為家境實在貧寒，難以養活兒子，就想將劉裕拋棄。就在劉裕即將成為棄嬰的時候，與劉裕同郡的同族劉懷敬的母親，聽說了這事，忙趕過來阻止了劉翹，並承諾自己將撫養這個可憐的嬰兒。當時這位可敬的母親生了自己的兒子劉懷敬尚未滿月，就毅然斷了劉懷敬的奶水去哺乳並非親生的劉裕。劉裕對劉懷敬一家終生感激，在成為皇帝後，劉裕封並無親屬關係的劉家兒子為王。

關於劉裕的乳名——寄奴，這裡還有一個傳說。中藥中也有一味中草藥叫做劉寄奴。這個名字是因劉裕而起的。劉裕年少的時候，一天傍晚外出打獵，用箭射中一條大蟒蛇。但是那條蛇一閃就不見了。劉裕覺得很奇怪，就想去尋找那條受傷的蛇，無奈天色已晚作罷。第二天，他又來到原處尋找，當搜尋到一條小河邊時，聽到密林深處有柞臼聲。劉裕順著聲音尋去，只見兩個小童在搗藥。兩人邊搗藥邊說話。

其中一個說：「我們大王傷勢不輕，到底是誰這麼大膽，敢射傷我們大王！」

另一個說：「是昨天被劉寄奴射傷的。」

「大王有那麼大的本領，為什麼不殺了劉寄奴報仇呢？」

「不能殺，劉寄奴將來是要做皇帝的。這是大王說的。」

劉裕聽得好奇，就大吼一聲，跳將出來。兩個小童嚇得急忙逃竄，沒了蹤影。劉裕見兩人留下藥臼和草藥，就試著用這種草藥療外傷，竟然有特效。後來劉裕馳騁疆場也都帶著這種草藥。在南征北戰的過程

中，他用那種草藥治癒了多少受傷的將士都已經記不清了。當時人們都不知道這種草藥的名字。因為這藥是劉裕最先發現的，就以劉裕的乳名寄奴來命名。

這只是傳說，不是事實。但據《隋書·經籍志》記載，劉裕喜歡鑽研醫藥卻是真的。他曾廣泛收集民間方藥，編輯了《雜戎狄方》一卷，可惜現已散失。

當然了，劉裕小的時候肯定不知道自己能當皇帝。也沒有人認為這個貧苦人家的小孩能當皇帝。在人生的早期，人們通常都是以家境來決定一個人的前途的。劉裕就是屬於那種因為貧窮而不被人看好的孩子。劉裕在貧困的環境中逐漸長大，「雄傑有大度，身長七尺六寸，風骨奇偉，不事廉隅小節」。前半句話是史書中慣用的修飾溢美之詞，只能說明劉裕長得比較高大而已，後半句話才是重點。劉裕在老家不從事生產，不像出身相同的普通百姓家子弟一樣做點「正事」。他識了幾個文字，但進不了官府；為了餬口，他零星地從事被士人和官府瞧不起的力氣活，有時還做些編席賣鞋之類的小買賣。由於家境貧寒又毫無背景，劉裕經常受人欺負。

劉裕還有一個一般人家難以接受的壞毛病：喜歡賭博。他的運氣很不好，經常輸得除了隨身衣物就一無所有了。最後，劉裕因為賭博，欠了有錢有勢的刁逵三萬錢。劉裕自然還不起賭債，結果就被刁逵找人抓了過去，縛在馬椿上，受盡了恥辱。當時的大世族王謐到刁逵家中拜訪，偶然見到劉裕，覺得這是個日後會表現不俗的年輕人，就替劉裕還了債。刁逵得了錢，又看在王家的面子上，這才放了劉裕。王謐對劉裕說：「卿當為一代英雄。」他不因為身分和地位懸殊，主動與劉裕交往，讓劉裕感動不已。

總之，年少時期的劉裕是一個出身不好，行為有所不端，名聲也不佳的孩子。

二
————

　　劉裕覺得再這樣瞎混下去，一生就毀了，於是決定去做窮人還能做的一件事情：當兵。

　　東晉之前執行的是世兵制：一些家族世代當兵，壟斷當兵資格，其他平民沒有資格當兵。這些世兵子弟的素養越來越低，當兵吃糧而已，國家軍事力量逐漸下降。最後連首都建康都沒有足夠的軍事力量支持，叛亂者動輒兵臨都城，威脅朝廷。在這種背景下，謝玄在江北招募貧苦流民入伍，建立了北府兵。廣陵、京口及其附近的貧苦百姓和從北方南下的流民構成了北府兵的主力。這支新軍隊的戰鬥力非常強大，逐漸成為穩定東晉政局的主力。淝水之戰的驚人勝利就是北府兵取得的。北府兵逐漸不受世族子弟控制，從上到下都由非世族出身的普通人掌握，成為完全的庶族軍隊。劉裕入伍之後，穩步得到提升，最初擔任將領孫無終的司馬，後來轉入劉牢之手下做個軍事參謀。

　　劉裕真正嶄露頭角是在鎮壓孫恩起義的戰爭中。此後，劉裕長期在外對起義軍作戰，每次領兵都只有幾千人，卻屢建奇功。他在北府軍中的聲望越來越高，也越來越為朝廷所倚重。天下太平之時，治政功績是一個人最大的政治資本；但到了亂世，軍事實力是壓倒一切的優勢話語。職業軍人出身的劉裕就有幸生活在這樣的亂世中，分量越來越重，以至

於桓玄在篡位之前都不得不徵詢劉裕的意見。男怕入錯行，看來劉裕是入對了行。

自立為帝後，桓玄徵召劉裕來京，做深入的試探。新王朝對劉裕日夜優待，禮遇有加。桓玄以為優待劉裕就可以了，可是他大錯特錯了。常年軍事和政治爭鬥，讓劉裕不再是簡單的武夫，開闊了眼界，鍛鍊了政治智慧。他虛情假意地支持桓玄稱帝，內心早就圖謀推翻他。但是考慮到自己根基尚淺，實力不夠，同時也想讓桓玄逆天下之意稱帝，自去根基，再圖謀推翻他，所以才韜光養晦、矇蔽桓玄。當時反對桓玄的人很多。多數世族大家都是反對他代晉自立的。但是這些養尊處優的貴族大家失去了實際權力和縱橫天下的志向。相反劉裕卻將反對桓玄的計畫付諸實施。因為劉裕具有反對的實力。他不僅身經百戰，政治軍事經驗豐富，還繼劉牢之之後成了北府兵事實上的領袖。反桓的力量逐漸祕密匯聚到劉裕身邊。這似乎預示著一個新時代的到來，一個新的不以出身為標準，而以能力為考慮的政治時代。

以劉裕為盟主的反桓同盟建立後，劉裕身先士卒，將士們無不死戰，接連以少勝多，匯聚了越來越多的支持。推翻桓玄後，朝野竭力稱讚劉裕平定桓玄之亂的功績。朝廷封劉裕為侍中、車騎將軍、徐青二州刺史。劉裕就此成為南方聲望最高、實力最強的人物。他名聲在外，就連北方的姚興也頗為忌憚。劉裕上臺後，向姚興討要後秦之前趁東晉大亂攻略的河南地區。姚興竟然將部分侵略的東晉土地歸還了劉裕。

劉裕繼桓玄之後成了建康的主人，卻沒有留在建康專斷朝政，而是接任徐青二州刺史，主動出鎮外地。他推司馬遵出來維持局面。當時，反正的桓楚司徒王謐（就是之前救過劉裕那個世族）與眾人商議，準備推舉劉裕統轄揚州。我們知道東晉朝廷長期只能直接管轄揚州一地，要

把持朝政必須兼任揚州刺史。劉裕堅決辭謝，把揚州刺史讓給了王謐。他這麼做可能基於以下考慮：首先是自己根基不足，尤其是劉裕出身貧寒，可能適應不了建康的政壇深水，想先常駐丹徒繼續累積政治威望；其次是劉裕起家於江北，政治基礎在今天的江蘇南部一帶，因此他選擇丹徒作為根據地；最後，劉裕將盟友劉毅、孟昶等留在建康作為內應，可以遙控朝政。

義熙三年（西元四○七年）十二月王謐去世，不利於劉裕的情況出現了。原來的盟友劉毅不希望劉裕進入朝中輔佐政事。之前劉毅和劉裕共同行動，同甘共苦，地位和權力都在劉裕之後，如今富貴了，劉毅開始不滿於總是居於劉裕之後，想和劉裕爭奪實權了。他聚集一幫人，商議任命中領軍謝混為揚州刺史，或者退一步讓劉裕兼任揚州刺史，但不讓劉裕入建康，而把朝中的政務交給孟昶管理。這是典型的只可同患難，而不共富貴。商議定後，劉毅等人畢竟心虛，不敢突然襲擊式地釋出任命，而特意派尚書右丞皮沈帶著這兩個方案，前去徵求劉裕的意見。

皮沈到了丹徒，先去見了與自己有交情的劉穆之，向劉穆之透露了自己的來意。劉穆之自然知道讓劉裕長駐丹徒的壞處，那就是對首都這個政治中心的疏遠。他暗自慶幸皮沈先來尋找自己通報情況。他表面上不動聲色，假裝起身上廁所，迅速寫了張條子派人送交劉裕。紙條中寫道：「皮沈所言，切不可應允。」皮沈告別劉穆之後，就去見劉裕。劉裕聽完皮沈的陳述後，沒有表達意見，只是吩咐下人好好安頓朝堂使節。之後，他迅速將劉穆之招來商議。

劉穆之向劉裕分析了情況後說：「晉朝失去對國家的控制已經很久了，天命已經轉移。將軍您興復皇家，功高德勳，民望所歸。之前您謙

讓官職，出守外地是有道理的。但是現在您的威望更高，政治資源更豐富了，如果再一味謙讓，難道就甘心於永遠做一個老守疆土的地方將領嗎？」

「劉毅、孟昶等人都是與您一起從布衣開始起家的。當年大家倡導大義，爭取富貴。因為舉事有先有後，官職有高有低，所以推舉您作為盟主。力量的對比結果是暫時的，政治上的服從也是會有變化的，但他們並不是誠心誠意服從您的。現在您長期領兵在外，他們在朝內占據高位，大家的力量相當，地位也差不多，已經到相互吞併和排擠的時候了。」

「在政治鬥爭中，揚州可以造成決定性的作用。平定桓玄之亂後，您沒有兼任揚州刺史的職位，而是交給了王謐，那不過是實力不夠時的權宜之計。現在您絕不可以再拱手讓出揚州了。如果對手同時占領揚州和朝堂，我們就要受到別人的制約。權柄一旦喪失，形勢一旦不利，如果再想逆轉回來，就困難了。如果我們落下那樣的境地，不僅將優勢拱手相送，而且前途難測。」

「現在既然朝廷徵詢您的意見，您就應該明確表示反對這兩個方案的態度。因為將軍您不能公開地向朝廷要求擔任揚州刺史的職位，所以您只能這麼說：『揚州是國家根本所在，地位重要。挑選揚州刺史事關重大，我不能在外地空發議論，要詳細了解情況。我計劃近日前往京城，與各位一起交換意見。』等您到了都城，京裡的一幫人就不敢越過您隨便處置揚州刺史的人選了。」

劉裕聽從劉穆之的話，沒有理會皮沈，接受了揚州刺史的任命，冠冕堂皇地前往建康就任。劉毅等人偷襲不成，反而引虎入家門。結果真的如劉穆之所分析的，朝廷徵召劉裕任侍中、車騎將軍、開府儀同三

司、揚州刺史、錄尚書事，仍兼任徐兗二州刺史的職務。至此，劉裕算是名副其實的權臣了。

三

從西元四一二年開始，劉裕聚斂東晉朝廷大權，很有一番作為。東晉朝廷的爛攤子已經糜爛很久了，經過司馬道子父子的蹂躪情況更加糟糕，桓玄雖然打算進行整頓也毫無成果。劉裕在劉穆之的協助下，按照輕重緩急進行朝政清理和政策矯正。像作戰時一樣，劉裕以身作則，樹立勤政榜樣，同時以威行嚴法管束朝政，使朝廷內外的文武百官都能小心謹慎地奉行職守。劉裕入朝不到一個月，建康的官風民俗就大為改觀。

同時，劉裕開始暴露出不臣之心。表現在他經常矯晉安帝的詔書給州縣長官下命令，也表現在他開始嚴厲鎮壓異己力量。尚書左僕射王愉的兒子王綏，因為出生於江左冠族、世代公卿的王家，再加上自己很小就獲得了名望，就對劉裕很不服氣，譏笑他地位卑賤。劉裕毫不猶豫地將他殺死。當時東晉世族大家的勢力經過之前的動亂大為削弱，加上世族子弟自身不學無術，沉溺享受，在劉裕的進攻前完全敗下陣來。

也正是在這個時期，劉裕開始注意起自己的形象來。因為出身的緣故，劉裕識不了幾個字，也沒讀過幾本書，是個半文盲。後來因為行政的關係，他逐漸認識了一些字，可以讀懂文告，也能親自寫些簡短的命令和文告了。在東晉官場上，文學談吐和書法程度是官員相互交往和評

價的重要標準。尤其是在一些大族世家看來，他們打心眼裡瞧不起那些缺乏系統文學教育的寒族子弟。即使劉裕貴為朝廷主政大臣，也難免有一些世族大家在背後譏笑他的文字和談吐。劉穆之提醒劉裕要開始注意自己的言談和用字，這不僅事關劉裕個人的尊嚴，也直接關係到政治鬥爭的前途。劉裕這時已經對劉穆之推心置腹，幾乎是言聽計從。他開始注意自己的言行，盡力淡化軍人色彩。但自己的那一手爛字卻是怎麼都提升不了，加上生性不喜讀書習字，讓劉裕苦惱不已。劉穆之出主意說：「寫字雖然是小事，但對於有志天下的人來說，不能不多加留意。將軍您可以堅持一直寫大字，一個字寫成一尺大也無妨。大字能夠掩藏拙處，而且有氣勢。」劉裕欣然採納了這個建議。以後劉裕的文告字寫得碩大無比，一張紙只有六七個字，貼得滿牆都是。遠遠看來，他的文告顯得氣勢非凡，和身分相配。

說到劉裕執政，不得不說劉穆之的成功輔佐。劉穆之對內是劉裕的行政管家，對外是劉裕在朝廷的主要助手，他不僅給予劉裕政策諮詢，還親自處理朝政和軍事。他這個人有非常能力，處理問題快如流水，檔案和事情在他的手裡從來沒有堆積遲滯的。劉裕成名後，各色人物從四面八方湧來，朝野內外事務千頭萬緒，一時間讓劉裕難以適應。劉穆之從容不迫地將千頭萬緒的事情處理得滴水不漏。通常的情況是，他眼睛看著檔案數據，手裡起草批閱意見，耳朵聽著情況匯報，嘴裡當場答覆下屬的詢問，應對自如，沒有出錯。劉穆之還有一個本事就是掌握消息非常全面，不管是閭里言謔、途陌細事，不論大小都知道些。他把這些消息一一告訴了劉裕，劉裕就能明白民間的實情，還常常將民間消息掛在嘴邊表示自己的開明通達。

劉穆之出身寒門，沒有家庭基礎可以依傍。得志之前，劉穆之一度

窘迫到待在岳父家裡混飯吃，受人奚落。隨著地位提高、條件改善，劉穆之沾染了一個毛病，就是講究吃喝的排場。他吃飯，一定要寬大的飯桌，桌上必須得有足夠十個人吃的飯食，而且從來不單獨進餐，不是招待賓客就是需要歌舞助興。這可能是劉穆之發達後對早年窘迫的一種心理彌補。對於自己的毛病，劉穆之向劉裕坦白說：「我出身貧窮微賤的家庭，之前維持生計都很艱難。現在位居高位，我雖然心中想著要節儉，但從早到晚所需要的花銷還是過於豐厚了一點。除此之外，沒有一點對不起您的了。」

從京口討伐桓玄開始出任劉裕的主簿到義熙十二年（四一六年）年底去世，劉穆之與劉裕合作了十三年時間。這十三年分別是劉裕和劉穆之一生中最重要、最輝煌的時期。劉穆之憑藉聰明勤勉，支持劉裕南征北戰，從一個勝利走向另一個勝利；劉裕則奠定了日後新王朝的基業。奇怪的是，劉穆之死後，劉裕再也沒有取得先前那樣的輝煌戰績。劉裕評價劉穆之「深謀遠猷，肇基王跡，勛造大業，誠實匪躬」。劉宋王朝建立後，劉穆之被追封為南康郡公，謚文宣公。

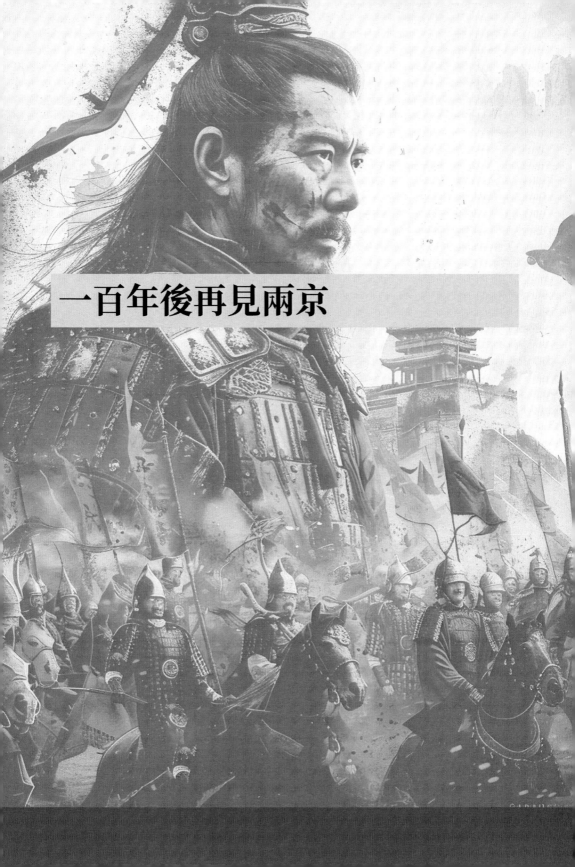

一百年後再見兩京

一

我們具體來看看劉裕掌權後的表現。劉裕的權力是建立在北府兵的支持上的，依靠討伐桓玄累積起來的。起兵過程中，北府兵的劉毅、何忌之等人推舉劉裕為主，同時自身擁有巨大的權力和軍隊。尤其是劉毅，長期處於北府兵第二號人物的地位，官爵僅次於劉裕，具有取代劉裕的能力。而他對屈居第二的現實也不滿足，加上文雅有學問，得到世族大家們的支持，內心深處也想和劉裕一決雌雄。桓楚政權覆滅後，劉毅與劉裕的關係開始出現裂縫。

一開始是劉毅推薦大世族謝混做揚州刺史，用意在於把劉裕擠出朝廷，做個「守藩之將」。劉穆之洞穿劉毅等人的心思，叫劉裕抓住揚州刺史不放。劉裕把揚州刺史抓到手後，常駐首都建康，讓劉毅等人措手不及。接著，劉毅挑撥離間劉裕和劉穆之的關係，經常對劉裕說劉穆之權太重。不想，劉毅越挑撥，劉裕越加信任劉穆之。劉裕在劉穆之的輔佐下發動了討伐南燕的戰爭，節節勝利，不想廣州的盧循乘虛北上進攻建康。時任江州刺史的何忌之領兵迎戰陣亡，震動了全域性。劉毅時任豫州刺史，鎮守姑孰，手上有兵有船，一心想鎮壓盧循起義軍建立大功來蓋過劉裕，於是整軍迎戰。劉裕從前線匆匆趕回建康，考慮到北伐軍隊剛剛南歸，將士疲勞，又多傷病，船隻也需修理，竭力主張慎重行事。他先寫信勸阻劉毅，又派劉毅的堂弟劉藩前去勸他暫緩出兵，要求大家一同行動。劉毅見劉裕一再阻止自己出戰，以為劉裕要阻止他立大功，鬥志更強。他對劉藩說：「以往我不過是把功勞讓給了劉裕，你們就認為

我真的不如他。今天，我要讓天下看看我的本事！」最終，劉毅率領精兵兩萬與盧循交戰，在桑落洲一戰大敗，損失了堆積如山的輜重，所部兵馬所剩無幾。他本人歷盡艱辛，才逃回建康。

盧循起義被平定後，劉毅擔任了江州都督，不久接替病重的劉道規擔任荊州刺史。劉毅就此掌握了極其重要的荊州地區，在荊州網羅黨羽，壯大力量。反對劉裕的力量聚集在劉毅身邊，他依然是可以與劉裕一決雌雄的實權人物。劉裕開始不能容忍劉毅的存在了。劉毅身體不好，沒多久就病重了。在黨羽的攛掇下，劉毅向朝廷請求堂弟劉藩繼任荊州刺史。之前，東晉朝廷對荊州的實權人物都採取姑息遷就的態度，不會駁回繼任的請求。這一回，主政的劉裕也答應了。因為劉藩正擔任兗州刺史，去荊州上任需要經過建康。劉裕就以司馬德宗的名義徵召劉藩入京。劉藩到了建康後，劉裕馬上宣稱發現了以劉毅、劉藩和尚書僕射謝混為首的「反叛集團」，共謀不軌。他以朝廷的名義賜死劉藩和謝混，並出兵討伐。當然，這一切都是祕密進行的。建康封鎖消息，不讓劉毅知道劉藩和謝混的死訊，逆江而上的討伐軍也偽裝成劉藩的部隊，宣稱是新的荊州刺史赴任。討伐軍一路走到江陵附近，荊州都沒有防範。討伐軍趁機對江陵發動突襲，劉毅兵敗，自縊而死。劉裕除掉了最危險的內部敵人。

劉裕討伐劉毅時，諸葛長民駐守建康。諸葛長民是反桓起義時的重要人物，也是劉毅、何無忌等人之後碩果僅存的人物。聽到劉毅死訊後，諸葛長民很害怕：「昔年醢彭越，今年殺韓信。禍其至矣！」其弟輔國將軍諸葛黎民就勸他造反。諸葛長民猶豫不決，暗中寫信給冀州刺史劉敬宣，要找他一起造反。劉敬宣是北府兵元老劉牢之的兒子，父親被桓玄逼死後他逃奔了南燕。在南燕，劉敬宣和高雅之等人陰謀發動政變

推翻鮮卑人的統治，失敗後逃歸東晉，被劉裕收留。劉敬宣不但拒絕了和諸葛長民一起造反，還向劉裕告密了。劉裕趕緊命討伐荊州的軍隊返回建康。西元四一三年劉裕回到建康，找來諸葛長民。劉裕大擺宴席，和諸葛長民笑談如常。兩人開懷痛飲，諸葛長民漸漸失去了警惕，喝得酩酊大醉時被劉裕事先埋伏的武士從背後用繩子勒死。在對付政敵時，劉裕表現出了驚人的冷酷。諸葛長民被勒死的時候，劉裕端坐原處飲酒如常。諸葛長民死後，劉裕又派人誅殺諸葛家族。諸葛黎民一貫驍勇，面對圍兵格鬥至死。至此，昔日的盟友和潛在的政敵都被消滅了，劉裕成了唯一的強權人物。

桓玄篡位之時，益州刺史毛璩出兵討伐桓玄。不想四川人不願意背井離鄉去打仗，推舉四川人譙縱為首領，殺死毛璩割據。譙縱建立了繼成漢之後的第二個四川割據政權。譙縱一邊向北方的後秦稱臣，被後秦封為蜀王，一邊頻繁入侵東晉的荊州地區。荊州首府江陵常常處於譙縱政權和後秦的兩面夾擊之中。盧循起義軍進攻建康，荊州方面沒有一兵一卒增援，就是因為被譙縱牽制住了。荊州一度和建康隔絕音信，情況危急，全靠刺史劉道規安定部眾，荊州這才沒有落入譙縱政權的手中。劉裕消滅劉毅的同年（四一二年），就開始對四川用兵。他選擇資歷淺但能力強的朱齡石做元帥，任益州刺史，領兵攻蜀。譙縱本就是趁東晉內亂（先是桓玄，後是盧循）僥倖立國的，勢力薄弱，在晉軍攻擊下節節敗退。西元四一三年七月，譙縱自縊而亡，四川重新進入東晉版圖。劉裕又立下一件大功。

消滅桓玄後，劉裕最大的功績還是北伐。他陸續消滅了南燕和後秦兩大胡族政權，取得了「光復兩京」的輝煌勝利。

二

北伐始終是東晉政治的重要內容，棘手而炫目。一般人將北伐視為某某人樹威攬權的手段──事實上也是如此。保守的朝廷不希望大臣動議北伐，只有不安分的權臣才有實力真正將北伐付諸實施。劉裕權勢日漸鞏固，為了更上一層樓，北伐就被提上了議事日程。義熙五年（四〇九年），南燕的慕容超成了劉裕北伐的第一個目標。

南燕是後燕分裂後的偏安政權，力量薄弱。末代君主慕容超又輕浮好動，嫌太樂伎人數太少在當年二月發兵攻擊東晉淮北的宿豫（今江蘇宿遷東南），擄去大量人口。慕容超從中挑選了男女二千五百人給太樂訓教，以供自己享樂，卻不想引來了亡國之禍。第二個月，劉裕就以此為藉口，上表請求伐燕。朝野又是一片反對聲。反對歸反對，沒有人能在實際上阻止劉裕北伐。四月，劉裕就率領北府兵浩浩蕩蕩地從水路北上了，到達下邳（今江蘇睢寧西北）後改走陸路。和桓溫等人北伐純粹為了立威不同，劉裕還有擴大疆域的目的，所以他北上途中遇到險要之處都築城留兵防守，目的就是要長久守住這些地區。

南燕主要盤踞地區是現在的山東。北伐軍進入山東後，劉裕必須經過地形險峻的大峴山。大峴山兩旁是高山峭壁，中間有一條小道通過，萬一燕軍在山上埋伏怎麼辦？劉裕堅持全軍快速從山下過山，胸有成竹地認為：「慕容超心貪，既想擄獲，又愛惜禾苗，以為我軍孤軍深入，不能持久，絕不會守險，也不會清野。我敢為諸君擔保，不會有什麼危險。」話雖這麼說，北伐軍的將士們都心驚膽顫地通過大峴山的窄道，劉

裕心底也沒有百分百的把握。直到全軍安然走過了大峴山，不見燕兵，東晉將士歡呼雀躍。劉裕舉手指天，也非常高興。大峴山是南燕可以依賴的最重要的天險，慕容超並不加利用。他天真地以為東晉軍隊深入北伐，無非是劉裕為了立功，不能持久，所以採取「以逸待勞」的策略，坐等劉裕上門。沿途既沒有派軍扼守險要，也沒有搶割糧食、堅壁清野。劉裕率領北伐軍越過大峴山後，離祖國很遠，人人抱定死戰之心，又利用沿途南燕的糧草解決軍需問題，進展神速。

慕容超一計不成，就寄希望於鮮卑騎兵的優勢，企圖用騎兵掃蕩晉軍步兵。六月，南北兩軍在山東臨朐大戰。劉裕揚長避短，用四千輛車子圍住步兵，分左右兩翼徐徐推進。南燕騎兵被車輛阻礙，橫衝直撞的優勢發揮不出來。兩軍正僵持著，參軍胡藩向劉裕獻計，燕軍悉數出戰迎戰，晉軍可以乘機襲取防守空虛的臨朐。劉裕採納了建議，命胡藩帶一支奇兵繞過燕軍，輕鬆攻取臨朐。燕軍主力聞訊大亂，為劉裕打敗。慕容超倉皇逃回首都廣固城固守。劉裕將廣固團團圍住，並不攻城，先著手安撫人民，就地籌集軍需。

廣固城被圍兩個月，已成困守態勢。慕容超派尚書郎張綱到長安向後秦的姚興求救。姚興知道唇亡齒寒，南燕滅亡了，後秦就要承擔所有東晉的軍隊壓力。可是要出兵救燕，姚興有心無力。不救不行，救又不能，姚興耍了個花招，派使者到劉裕軍中恫嚇：「大秦已經派十萬雄兵進駐洛陽，請晉軍南撤。若晉軍不撤，大秦將長驅東進，聯燕滅晉。」劉裕看穿了姚興的把戲，斷然回答：「我本想在滅燕之後休兵三年，然後進取關中滅秦。如今姚興自己送上門來，再好不過。你回去讓他快點過來吧！」後秦使者嚇得趕緊溜走了。劉穆之聽說後秦使者到，趕緊過來，慢了一步，後秦使者跑了。劉裕把對話告訴了他，劉穆之不滿道：「此

事重大，應該慎重考慮，怎麼能如此答覆？只能激怒後秦，廣固沒有攻克，羌族騎兵已到，如何對付？」劉裕笑道：「兵貴神速。姚興如果真想救援慕容超，就不會事先派遣使者通知。我看他是無力出兵，恐嚇而已！」事實證明，在東晉和南燕交戰期間，後秦一直按兵不動。

南燕派往後秦的使者張綱回來時被晉軍抓住。劉裕讓張綱站在樓車（一種攻城器械）上面，向廣固城喊話：「劉勃勃大破秦軍，後秦無兵相救！」南燕軍民沒有了外援，鬥志更加低落了。義熙六年（四一〇年）正月，被圍超過半年的廣固城大門洞開，部分喪失信心的官員開城迎接晉軍入城。慕容超突圍時被擒，被送往建康斬首。南燕滅亡，這是第一個被東晉滅亡的北方王朝。

南燕滅亡後，西邊的後秦成了劉裕下一個目標。他並沒有像恐嚇後秦使者那樣立刻率領得勝之師進攻後秦，而是在等待機會。後秦疆域雖廣，但內部始終有匈奴劉勃勃建立的夏政權的侵蝕，有生力量不斷削弱。義熙十二年（四一六年）二月，後秦君主姚興去世，繼位的姚泓軟弱無力，國內其他民族頻繁爆發反秦起義。劉裕等待的時機來了，他留劉穆之在建康，總攝朝野政事，自己第二次親率北府兵北伐，志在滅秦。

三

滅秦之戰進展很順利。後秦在河南地區的抵抗很薄弱，當年十月晉軍前鋒進逼洛陽，守將姚洸投降。洛陽是東漢、曹魏和西晉的舊都，它的光復政治意義重大。在這危急時刻，後秦內部不僅沒有做到同仇敵

懼，反而加速上演同室操戈的悲劇。先是姚泓的弟弟、太原公姚懿在蒲坂（今山西省永濟縣）造反，要搶奪帝位，接著是宗室、齊公姚恢在嶺北起兵，率安定（今甘肅省涇川縣）鎮戶三萬八千人進攻長安，也要搶奪帝位。這兩人的造反都沒有成功，但後秦內憂外患，不能集中全力對抗劉裕，形勢越來越不妙。

　　第二年（四一七年）正月，劉裕率水軍從彭城（今江蘇徐州）出發，王鎮惡、檀道濟等率別部進逼潼關。東晉對後秦開始了總攻。潼關是關中的門戶，後秦守軍死守關隘，阻擋了晉軍的前進。劉裕聞訊，督率水軍加速逆黃河西進，增援王鎮惡等人。一旦晉軍雲集，後秦的處境更加不妙。姚泓想到了向黃河北岸拓跋鮮卑建立的北魏政權求援。北魏滅亡後燕，截斷慕容鮮卑為南北兩段後，占有黃河以北大部地區，有能力也可能援助後秦。如果北魏能出兵截擊逆黃河而上的劉裕水軍，後秦的壓力將大大減輕。北魏是否出兵，成了晉秦之戰的關鍵因素。姚泓派使者以唇亡齒寒的理由求救於北魏，要求北魏出兵；劉裕也派使者向北魏「假道」，要求北魏中立。北魏內部意見分歧，一派主張截擊劉裕的水軍，理由不僅有北魏和後秦唇亡齒寒，更有人懷疑劉裕表面伐秦實際想攻魏；另一派倒不懷疑劉裕想攻魏，而是認為劉裕伐秦志在必得，如果北魏出兵介入晉秦之間的戰爭，可能會引火燒身。北府兵久經疆場，之前滅亡了同是鮮卑政權的南燕政權，北魏的鮮卑軍隊能戰勝北府兵嗎？北魏占領華北大部時間不久，要做的內政很多，北方又在與柔然交戰，實在不想和晉軍硬碰硬地決戰。最後，北魏明元帝做了折中，集合十萬大軍部署在黃河北岸，監視晉軍行進。

　　在戰場上，折中看似明哲保身，其實是最危險的選擇。不戰不和，反而堵斷了媾和的道路，又讓自己對戰爭缺乏準備。劉裕發現北岸的魏

軍後，就立刻在戰和之間做出了選擇：戰！逆流西進必須排除魏軍的威脅，必須透過血戰讓北魏看到晉軍滅秦的決心和能力。

四月，七百名北府兵乘坐一百輛戰車，主動登陸北岸。這些車輛組成半圓形的陣勢，兩頭的車輛緊靠河岸，中間的車輛（半圓形的弧頂）離岸一百多步。這陣名叫「卻月陣」。大約有三萬名魏軍見勢，包圍過來。他們不知道這小股晉軍為什麼主動挑釁，人數懸殊，難道是來送死嗎？就在魏軍徘徊不前的時候，朱超石率領二千人攜帶大弩一百張登陸。每輛車增兵二十人，在車轅上豎起盾牌，掩護卻月陣裡的情形。每輛車都配備一張大弩。魏軍判斷晉軍是要在北岸建立據點了，開始進攻半月陣。三萬魏軍一波波地衝來，又一波波地倒在弓箭面前。屍體越積越多，魏軍最終還是逼近車前。晉軍的大弩發射不及，朱超石就下令將長矛截斷，留下三四尺長，一人執矛，一人在後面用大錘錘矛，讓一根根斷矛成了一枚枚巨箭，呼嘯而出。由於魏軍蜂擁密集，一矛射出常常刺穿三四人。魏軍死傷慘重，留下更多的屍體潰退而去。朱超石乘機追擊，又給予魏軍殺傷。此戰，晉軍以極小的代價重創監視的魏軍，戰後魏軍喪失了阻撓晉軍西進的勇氣，紛紛脫離與晉軍的接觸。

戰場上重新恢復為晉軍和後秦的對決。為了突破潼關天險，沈田子、傅弘之在當年七月率領一千多人的小部隊從南邊的武關進入關中，很快推進到現在的陝西藍田。這支部隊只是劉裕的疑兵而已，卻讓姚泓大為緊張。原本，姚泓糾集了數萬兵馬準備增援潼關。現在，他怕大軍東出後被沈田子偷襲了後方。姚泓決定先帶著後秦的主力軍消滅沈田子等人。沈田子的小部隊處境異常危險。沈田子只能險中求生，賭一把。他乘姚泓立足未定，率領一千多人主動向秦軍衝鋒。秦軍毫無防備，竟然被沈田子的一陣衝殺打亂了陣腳，傷亡過萬。姚泓狼狽逃往灞上，連

自己的御駕都成了沈田子的戰利品。後秦增援潼關的生力軍就這麼莫名其妙地潰散了，真的是天不佑秦。

正面攻擊潼關的劉裕、王鎮惡意外聽到沈田子所部的捷報，乘機猛攻潼關。晉軍水軍乘艨艟小船從黃河突入渭水。艨艟，三國時期就是南方水軍的主要裝備，船體低矮，從上面看艨艟全部被遮蓋起來，行進起來像是橫衝直撞的大烏龜。關中的秦兵從來沒有看見過這種船，茫然不知如何應對，士氣更加低落，接連潰敗。

八月底，突入關中的晉軍與後秦最後的生力軍在渭橋（今咸陽東北）決戰。秦軍大敗，姚泓單騎逃回長安宮中。王鎮惡尾追而來，長安城已經無兵可調，無人願守了。姚泓萬般無奈，準備投降。他十一歲的兒子姚佛念不願投降，登上宮牆投地而死。姚泓率其他家人至王鎮惡營前投降，其堂弟姚贊等人也紛紛投降。除姚泓外，劉裕將後秦宗室全部處決。後秦滅亡。

九月，劉裕率北府軍進入長安。長安是之前中國歷史最重要的都城，它的光復政治意義絕不在洛陽之下。至此，兩京光復，劉裕憑軍力似乎扭轉了五胡亂華以來漢族對少數民族的頹勢。長安自西元三一六年被匈奴攻陷後，已經一百多年沒有見到漢家軍隊了。史載長安光復後，三秦父老「不沾王化，於今百年。始睹衣冠，人人相賀」。劉裕的聲望如日中天。他祭掃西晉皇陵，把彝器、渾儀、土圭、記里鼓、指南車等送往建康。姚泓被押送建康斬首。

黃河以南、淮水以北以及漢水上游的大片地區為晉收復，形勢對劉裕很有利。當時北方最強大的四股力量，南燕和後秦先後覆滅，北魏剛剛被劉裕打敗，赫連勃勃還在陝北遊蕩，劉裕完全可能擴大戰果，恢復更多的故土。可惜，他志在南歸代晉。劉裕的北伐還是沒有擺脫立威揚

名的窠臼。而經過多次血戰的南方官兵們也想南歸,很少有人願意留在北方從事政權建設。劉穆之又在這時病故,劉裕擔心後方不穩,急著在當年十二月間匆匆離開長安南下。關中百姓沿途痛哭,請求晉軍不要撤退。但劉裕「狼狽而還者,欲速成篡事耳,無暇有意於中原」。

　　北部的赫連勃勃乘虛而入,加上留守關中的東晉諸將又自相殘殺,關中很快為匈奴人占領。劉裕滅秦,為赫連勃勃做了嫁衣。回到建康後,劉裕在朝廷的地位顯赫無比。他接受了「相國、宋公、九錫之命」,開始篡晉。

赫連勃勃大王

一

自從匈奴漢國和前趙覆滅後，匈奴民族長期沒能再建立割據王朝，在五胡十六國中處於被其他民族奴役的地位。匈奴鐵弗部落在相當於如今內蒙古和河套地區的地域游牧，酋長也以劉為姓，接受過匈奴漢國和前趙的封爵，南方的匈奴王朝覆滅後繼續游牧在草原上。劉衛辰擔任部落酋長的時候，這支匈奴的力量已經相當可觀。強鄰拓跋鮮卑與之鏖戰，拓跋珪在西元三九一年大破該部匈奴，劉衛辰父子被殺，部眾星散。

不過，拓跋珪沒能斬草除根。劉衛辰的小兒子劉勃勃在混亂中逃脫，投奔叱干部。酋長叱干他鬥伏不敢收留劉勃勃，派人把他送交拓跋鮮卑。他鬥伏的姪兒阿利勸不了他鬥伏，就在中途救下劉勃勃，送交後秦的高平公沒奕於。沒奕於簡直是劉勃勃的大恩人，不僅收留了他，將他養大成人，還招他做了女婿。

劉勃勃身為一個孤兒，在其他民族的陣營中孤獨地成長。再考慮到弱肉強食的大背景，劉勃勃的人格出現了偏差。一方面，劉勃勃這個孩子看待世界沒有溫情，對人對事冷酷無情。一旦他執掌了千軍萬馬，冷酷無情的性格就惡化為了殘酷暴戾；另一方面，無依無靠的劉勃勃必須依靠智慧在亂世中生存下去，智商很高，可惜不是聰明而是狡黠。這些性格在一個體格強健、野心勃勃的青年人身上匯聚在一起，讓劉勃勃成了一個潛在的危險分子。

《晉書》說他長大後「身長八尺五寸，腰帶十圍，性辯慧，美風儀」。後秦皇帝姚興很欣賞劉勃勃，深加禮敬，任命他為將軍，一些軍國

大事都找他商量，寵遇並不比勛舊大臣差。但是姚興的弟弟姚邕覺得劉勃勃是個危險人物，勸姚興要防著點：「勃勃天性不仁，難以親近。陛下寵遇太甚，臣竊惑之。」姚興固執地認為劉勃勃有濟世之才，可以用來平定天下，別人越反對他反而越看重劉勃勃，蒐羅河套地區的各個少數民族部落和其父劉衛辰的殘部三萬人，交給劉勃勃指揮，還想讓他協助岳父沒奕於鎮守高平（今寧夏固原），同時防備拓跋鮮卑。姚邕再次勸止，指出讓劉勃勃領兵很危險。姚興反駁弟弟：「你怎麼知道劉勃勃的性情不能領兵？」姚邕說：「劉勃勃奉上慢，馭眾殘，貪暴無親，輕為去就。過分寵信他，恐怕終為邊害。」姚興猶豫了一段時間後，還是提拔劉勃勃為安北將軍，封五原公，還將朔方（今陝西延安）撥給他駐紮。姚興可謂是劉勃勃的第二個大恩人，他信任劉勃勃，讓他成了一方藩鎮。

劉勃勃從此有了縱橫天下的資本。他很快就走上了擴軍自肥、燒殺搶掠的道路。劉勃勃剛一上任，就搶劫了河西鮮卑獻給姚興的八千匹駿馬，用來壯大自己。接著，劉勃勃又帶上三萬人馬，假裝去高平川打獵，對撫養自己長大的岳父沒奕於發動突襲，竟然將岳父殺死，吞併了高平的部隊。劉勃勃的部隊一下子擴展到數萬人，不過這是透過忘恩負義殺戮親人實現的。西元四〇七年，劉勃勃覺得羽毛已滿，正式脫離後秦自立。他宣稱匈奴是夏朝的苗裔，定國號為「夏」，自稱大夏天王、大單于。這是十六國後期的又一個匈奴割據政權。

夏國建國以後，僅有高平、朔方一隅。不過匈奴騎兵剽悍強勁、機動性強，部將們都對戰勝後秦有信心，主張建都高平，與後秦爭奪關中。劉勃勃卻不以為然。他認為建都高平，將陷入與後秦漫長的拉鋸戰，夏秦敵眾我寡，一城一地地爭奪不具備優勢。劉勃勃的思路是利用匈奴雲騎風馳的優勢，對龐大的後秦展開出其不意的騷擾，敵前我後，

敵進我退，等後秦疲於奔命時再集中優勢力量殲滅後秦的有生力量。他自信用此戰術，不出十年嶺北、河東將盡為匈奴所有。劉勃勃的策略其實是對歷史上游牧民族賴以取勝的軍事思想的總結，類似於後世的運動戰。沒有根據地、飄忽不定的行動也讓匈奴夏國長期遊蕩在關中北部、隴西一帶，沒有固定的國家形式，和一般的王朝有別。

劉勃勃的策略取得了輝煌的成功。他以區區幾萬之眾不斷騷擾後秦北方州縣，牢牢掌握著主動權。後秦防不勝防，北方各城乾脆大白天都緊閉城門。姚興這才後悔不聽姚邕的話，可惜沒有後悔藥吃。劉勃勃的騷擾貫穿至後秦滅亡，極大制約了後秦的行動，消耗了後秦的國力。劉勃勃的日子過得卻非常富足，四處劫掠讓他得到了充分的供給，不愁軍隊的吃穿用度，瀟灑得很。

劉勃勃殘暴的性格在戰爭中完全暴露了出來，為西北百姓造成了極大的傷害。匈奴夏國每次擊敗敵人，殺傷動輒過萬，占領的城池被搶劫一空，百姓中精壯的補充部隊、其餘遭到殺戮或者活埋。《晉書》中留下了諸如「坑將士四千餘人，以女弱為軍賞」、「殺……將士五千人，毀城而去」等等血淋淋的記載。劉勃勃的戰績雖然輝煌，卻因殘暴未能贏得民心（哪怕是部分地區的民心），這也是夏國不能真正建國立業，傳之長遠的根本原因。

在劉勃勃的遊戰殺戮過程中，西北的南涼政權可算是基本上被劉勃勃消滅的。當初，劉勃勃獨立建國，向南涼君主禿髮傉檀求婚。南涼是西北最強大的割據政權，傉檀哪願意把女兒許配給名不見經傳的後秦叛將劉勃勃，斷然拒絕。劉勃勃大怒，親率兩萬騎兵就殺入南涼，搶掠三百餘里，驅掠二萬七千口、牛馬羊數十萬凱旋。傉檀要率眾追擊，部將焦朗勸阻道：「劉勃勃天姿雄驚，軍隊強悍，我們不能輕敵。現在匈奴人滿載而歸，遇到追兵會人自為戰，保全戰利品，我軍難與爭鋒，不如搶到他們前

頭去結營阻擊。」傉檀和其他將領則認為劉勃勃的部隊是到處遊蕩的烏合之眾，拿著那麼多戰利品，肯定不會死戰，大軍臨之必土崩魚潰。所以傉檀發動南涼的主力，追擊劉勃勃。事實證明，焦朗對遊蕩騎兵的判斷是正確的。速度是他們的優勢，財富是他們的目的，兩者是不可分的。搶掠的財富絲毫不會降低他們的速度，反而會激發他們保衛財富的堅強鬥志。結果，劉勃勃聽說南涼追兵趕來，回頭迎戰。儘管在戰鬥中劉勃勃被傉檀安排的神箭手射中左臂，劉勃勃還是堅持率軍大敗追兵，反過來追回去八十餘里路，殺傷萬計，斬南涼大將十餘人。劉勃勃將敵人的屍體壘起來築為京觀，取名「髑髏臺」。南涼經此一敗，傷了元氣，從此落後於鄰國北涼和西秦。沒幾年，傉檀投降西秦，南涼滅亡。

數年的遊蕩作戰，形勢朝著利於劉勃勃的方向發展。尤其是後秦鎮北參軍王買德投降後，劉勃勃以他為謀臣。夏政權開始建立完備的規章制度，尋求固定下來。於是，劉勃勃決定建造都城。西元四一三年，劉勃勃在「朔方水北、黑水之南」選中一塊「臨廣澤而帶清流」、水草肥美的地方（今陝西靖邊縣以北約五十公里）營造都城。

為了這座都城，十萬各族百姓花費了數年時間。劉勃勃任命叱干阿利為負責人。阿利主要採取夯築的方式建造城池，之前將土蒸一遍，增加堅實度。夯完一段城牆，阿利就驗收一段。驗收的標準是用錐子扎，如果能扎進去一寸深就認定這段城牆不合格，就要推倒重來。原來築造這段牆的民工都會被殺死，屍體混在泥土裡當建築材料用。阿利如此殘暴，卻深得劉勃勃賞識，很認同他的管理方法。結果，整座都城雖然沒有鋼筋巨石，卻造得異常堅固。一直到北宋時期還是夏州的治所，是北宋和西夏作戰的堡壘之一。都城的裝飾和儲備的物資，也是追求剛硬。叱干阿利用銅鑄大鼓、飛廉、翁仲、銅駝、龍獸等裝飾物，外表塗以黃

金，排列在都城宮殿中。阿利同時負責督造兵器。造的弓箭射不穿鎧甲，便斬弓箭匠；射穿了，便斬鎧甲匠。他監製的「百煉鋼刀」，鋒利無比；製造的龍雀大環，號曰「大夏龍雀」，背上有銘文：「古之利器，吳楚湛盧。大夏龍雀，名冠神都。可以懷遠，可以柔逋。如風靡草，威服九區。」銘文豪氣沖天，對自己的品質自信滿滿。為了追求高品質、高標準，工匠製造時稍有不合即遭殺身之禍。「凡殺工匠數千，以是器物莫不精麗」，整座都城可以說是建築在百姓的屍骨上的。

劉勃勃認為：「朕方統一天下，君臨萬邦，可以統萬為名。」這座都城得名「統萬城」。城市開始建築的第一年，劉勃勃改姓赫連。原來的劉姓來源於西漢和親的公主，現在劉勃勃聲稱子從母姓不合於禮，帝王是天的兒子，「其徽赫與天連」，所以改姓赫連。劉勃勃就變為了赫連勃勃大王。原來鐵弗部落中同姓卻非直裔的匈奴人則改稱鐵伐氏，意思是堅硬如鐵銳可伐人。赫連勃勃的狂傲氣焰可見一斑。

夏政權也開始占領一些領土。赫連勃勃廢除州縣制度，代之以城堡、軍鎮。某地的百姓就是某城或者某鎮的軍人，軍民不分，以軍政代替民政。一個巨大的戰爭機器，在赫連勃勃刀逼鞭打之下終於建立了。

二

赫連勃勃最大的機遇是劉裕北伐。義熙十三年（四一七年），劉裕北伐關中，姚泓投降，後秦滅亡。赫連勃勃的戰爭機器在西北高原虎視眈眈，卻沒有南下衝入戰團。

赫連勃勃的判斷是後秦必然滅亡，但劉裕不會長久盤踞關中。他認為劉裕北伐不是為了光復失地，而是立威，遲早會返回南方。赫連勃勃決定趁劉裕南返再南下關中，於是他一方面與劉裕北伐軍通使友好，一方面秣馬厲兵，等待時機。後秦投降後，西北許多郡縣都投降了赫連勃勃。夏政權的實力得以飛速增長。

　　赫連勃勃的判斷完全正確，年末劉裕就離長安南返，留十三歲的兒子劉義真守備長安。夏政權隨即對爭奪關中的策略進行討論。王買德提出了一個「關門打狗」的方案，即匈奴騎兵利用速度優勢，尋找占領青泥關、上洛、潼關等要塞，截斷關中晉軍退卻的道路，然後釋出檄文，號召關中各族百姓討伐劉義真。赫連勃勃依照這個方案執行，命兒子赫連、赫連昌和王買德等人進占各個要點，自率大軍向長安殺去。

　　留守關中的晉軍面臨被包圍的噩運。不過客觀來說，劉裕還是有心守住關中的。他留在關中的兵力並不弱，大多是跟隨自己百戰的北府精兵；輔助劉義真的沈田子、王鎮惡等人也是身經百戰的大將。赫連勃勃想吞併關中，並非易事。在最初的接觸中，晉軍兩次打敗匈奴騎兵，迫使正面的夏軍採取守勢。遺憾的是，劉裕一走，留守的晉軍將領起了內訌。先是沈田子殺了王鎮惡，接著是劉義真的長史王脩殺了沈田子。晉軍最精銳的兩員大將就這麼白白死了。十三歲的劉義真又聽左右說：「王鎮惡要反，所以沈田子要殺他。王脩又殺沈田子，可見王脩也要造反。」就輕率地下令殺死王脩。結果，劉義真處於無將可派的境地，晉軍被動地困守各座城池。長安城人心恐慌。劉義真為了保住長安，又命令晉軍向長安收縮，將兵力都擠在城裡，關上城門死守。赫連勃勃順利占領咸陽，關中其他地區紛紛投降夏政權。

　　劉裕得到關中敗績，召回劉義真，派大將朱齡石代替他鎮守長安。

西元四一八年十一月，朱齡石到達長安，劉義真率領大部晉軍向東逃竄。劉裕命令他輕裝而行，迅速逃離關中。可是晉軍官兵帶著大批輜重、子女，沿途又燒殺搶掠，毫無紀律，一天都走不了十里路。部將傅弘之勸劉義真丟棄輜重，輕裝快進，劉義真不聽。很快，赫連率三萬匈奴騎兵追上了逃亡的晉軍。傅弘之斷後，掩護劉義真逃跑。晉軍邊走邊打，至天黑全軍覆沒，傅弘之等人被俘。劉義真因為跑在最前面，天黑後匈奴騎兵停止追擊，才倖免於難。雖然撿了條性命，劉義真也落得個孤身一人伏在草叢裡不敢吱聲的下場。後來聽到參軍段宏在叫他的名字，到處尋找他，劉義真才從草叢裡鑽出來，和段宏兩個人逃回南方。

劉義真的慘敗，喪失了劉裕多年依靠的北府精銳，連累南方政權的軍事力量都受到削弱。本來劉裕光復兩京，關中漢族百姓對他還有很高的期待。劉裕迅速離開長安南歸，就讓部分百姓失望了。如今劉義真率領晉軍大肆擄掠，又全軍覆沒，更是讓關中的漢人對劉裕和晉軍失去了信心。民心不再思晉，很多百姓還恨透了軍紀敗壞的晉軍。困守長安的朱齡石處境就很尷尬了。他既兵力薄弱，又得不到百姓的支持，面對步步緊逼的赫連勃勃，無奈地燒毀長安宮殿，向潼關退卻。赫連勃勃進占長安，一路追擊，消滅了關中的最後一支晉軍。朱齡石被俘，和之前被俘的傅弘之等人最後死在長安。洛陽則被拓跋鮮卑占領。劉裕北伐光復兩京的戰果，至此全部喪失。劉裕滅後秦，赫連勃勃成了最大的勝利者。

完全占領關中後，赫連勃勃在灞上即皇帝位。夏政權東與拓跋鮮卑建立的北魏對峙，南與東晉對峙，成了三分天下的割據王朝，達到勢力的頂峰。群臣要求定都長安，赫連勃勃認為長安離北魏太近，不肯遷都。統萬城剛剛建成，赫連勃勃便退回統萬城，以它為都城。

赫連勃勃的夏政權建立得有點特殊，主要是靠匈奴人的軍事強權勃興的，又抓住了劉裕北伐的失誤得以占領關中。大凡一個政權建立在軍事強權基礎上，都長久不了。赫連勃勃不明白這個道理，在政權達到頂峰後沒有整頓內政，勵精圖治，反而變本加厲地殘暴殺戮。他常常站在統萬城上，旁邊放著弓和劍，看哪個行人不順眼就親手殺了他。對於看不順眼的大臣，赫連勃勃毀其目；覺得取笑自己的大臣，則決其唇；如果有大臣敢進諫，赫連勃勃就說他誹謗，先截斷他的舌頭再砍腦袋。占領長安後，赫連勃勃召見隱士韋祖思。韋祖思見他，心裡害怕，表現得畢恭畢敬。赫連勃勃卻發怒了：「你見姚興不拜，見了我為什麼拜？我還沒死，你就不把我看作帝王，我死之後，不知你在筆頭上要把我糟蹋到什麼地步！」就把他殺了。人們最怕喜怒無常的暴君，很快「夷夏囂然，人無生賴」，赫連勃勃的統治弄得天怒人怨。

　　奇怪的是，赫連勃勃竟然能夠善終，一直到劉宋元嘉二年（四二五年）逝世。他死的時候，夏政權已經危機重重，呈現末世景象：內部因為不修內政，國窮民困；外部則受到北魏政權的步步擠壓。赫連勃勃死後，兒子赫連昌嗣位，第二年長安被北魏攻破，第三年統萬城也被北魏攻破，第四年赫連昌也成了魏軍的俘虜。赫連勃勃的小兒子赫連定繼位，負隅頑抗。西元四三一年，赫連定被吐谷渾俘虜，夏亡。

別把責任推給大環境

一

　　吳隱之是東晉後期著名的廉吏。在社會推崇奢華、官員普遍貪汙的魏晉時代，吳隱之的存在是一個異數，證明為政廉潔與否與環境的關係不大，關鍵在於個人操守。

　　吳隱之是濮陽郡鄄城人，《晉書》在他的本傳一開始就大書吳隱之青少年時代就與眾不同，生活儉樸、崇尚廉潔，個人品德非常突出。比如吳隱之每天進餐僅食豆羹，絕不享用非分之糧，也不謀求來歷不明的財物——吳家生活尚可，也算不上富裕。十多歲時，吳隱之的父親死了，他和哥哥吳坦之表現得異常悲痛。之後，吳隱之對母親極為孝順。吳家和韓康伯為鄰，韓康伯的母親常常教育韓康伯：「你日後如果要選拔官吏，應該舉薦像吳隱之這樣的人。」這說明，吳隱之從小就符合朝野的道德標準，是品學兼優的好青年。反過來說，作者強調傳主的個人品德，是否也贊同個人能夠戰勝環境呢？

　　後來，韓康伯做了吏部尚書，主管官員選拔，舉薦吳隱之出任了輔國將軍功曹，後轉任征虜將軍參軍。大將袁真起兵反抗桓溫失敗後，吳隱之的哥哥吳坦之是袁真的功曹，按律要受牽連遭禍。吳隱之拜見桓溫，請求代兄領罪，桓溫很感動，最終放過了吳坦之。吳隱之因此得到桓溫賞識，擔任了尚書郎。

　　隨著地位的上升，吳隱之罕見地保持了廉潔的本性。上級謝石（就是在淝水之戰中大敗前秦的那位）聽說吳隱之的女兒出嫁，派人前來幫忙。來人到了吳家，看不到一點喜慶的樣子，看不到一個賓客，看不到一件嫁

妝，只看到吳家的丫鬟牽著狗到大街去賣。原來吳隱之打算用賣狗的錢來置辦女兒的嫁妝。後來，吳隱之升任晉陵太守。別人把地方實官當作撈錢自肥的好時機，吳隱之卻甘於貧困。在任期間妻子自擔柴草，全家人冬月沒有被子蓋，吳隱之沒有換洗的衣服，脫下衣服清洗就只得披著棉絮。這哪裡是太守，完全與貧民無異。對比魏晉時期何曾父子日食萬錢，石崇與王愷鬥富大賽的新聞，吳隱之絕對算得上天下廉吏第一。

任何時代都是需要廉吏的，哪怕朝政黑暗腐敗到極點。因為貪腐從根本上侵犯朝廷正當利益，將國家的財富劃為私有，對國家的政策陽奉陰違，過分貪腐會損害國家財力、公信力和政策的貫徹執行，進而影響天下安全。推出幾位廉吏，讓他們處理棘手的問題，就成了朝廷的反抗貪腐的利器。

出於這樣的考慮，吳隱之在隆安年間（西元三九七～四○二）被朝廷提升為龍驤將軍、廣州刺史、假節領平越中郎將，出鎮南粵，成為封疆大吏。

廣州環山繞海，出產珍品異物，比如象牙、珍珠和名貴藥材。那裡天高皇帝遠，地方官貪腐的難度很小，收益卻很大。只要從廣州帶走一箱寶物就足夠幾代人享用。但一般的世族子弟都不願意去廣州任職，除了大家族的家教和道德感因素外，主要是嶺南地區瘴疫流行，被視為畏途。結果，去廣州當官的都是在北方仕途無望，又貧寒貪婪的人，到任後多以貪財為己任，視朝廷法度為虛無。朝廷要革除廣州的弊端，吳隱之就是他們的人選。

話說距離廣州首府番禺二十里地的石門有一汪泉水，叫做「貪泉」。誰喝了貪泉的水，就會變得貪得無厭。吳隱之來到這裡，卻要喝那泉水。家人和隨從們拚命阻攔：朝廷正對刺史大人寄予厚望呢，可不能變

得貪婪啊！吳隱之卻自信地說：「人心中如果沒有貪欲，就不會有可貪的東西。人們往往越過南嶺就失去了廉潔的心，我知道原因了。」（言下之意是貪汙的本質在於貪欲，沒有貪欲就沒有貪汙。）他舀來貪泉就喝了下去，還賦詩一首：「古人傳說這泉水，舀來喝了貪千金。試讓伯夷叔齊飲，始終不變廉潔心。」伯夷、叔齊二人是商朝末期人，周朝建立後不食周黍而死，被古人視為抱節守志的楷模。如果人人都有伯夷、叔齊那般意志，哪裡還有貪腐現象？吳隱之不僅飲貪泉之水，還盛了幾罈子水帶著上任。一路上，家人和隨從叫苦不迭。廣州百姓看到穿著樸素的吳隱之一行，又看那壇壇貪泉之水，也叫苦不迭。

上任後，吳隱之廉潔奉公，依然過著以稻米、蔬菜和魚乾為食，以粗布衣衫為衣的儉樸日子。他把刺史官署備的帷帳器皿都交給府庫，有人說他做作、沽名釣譽。吳隱之一笑了之，始終保持公私分明，不貪不沾的生活。有下屬送魚給他，事先剔除魚骨留下肉，吳隱之察覺了他們的用意，竟將下屬除名。在他的整個任期中，吳隱之喝著貪泉的水，堅守著廉潔的操守。

吳隱之最後遇到了盧循起義軍的進攻。盧循起義軍在江浙遭遇重挫後，侵入嶺南，吳隱之督率將士堅守城池達百餘天。最後，長子吳曠之戰死，起義軍攻入番禺城內，放火焚燒了民居。吳隱之攜帶家小逃出，打算撤回建康，結果被盧循俘虜。劉裕特地去信盧循，索要吳隱之。吳隱之被盧循放回。歸途中，吳隱之一家人除了上任時攜帶的物件外，只多了妻子買的一斤沉香，此外沒有任何資產。吳隱之認為沉香來路不明，妻子解釋說是在市面上購買的，打算拿到北方變賣賺取差價，吳隱之奪過沉香就扔到水裡。可以說，吳隱之在嶺南富庶之地主政多年，沒有謀得任何私利。

回到朝廷後，吳隱之擔任了中領軍，掌握中央軍隊實權，日子過得卻更加清貧了。京官不像地方官有專門的府邸，吳隱之的家是數畝小宅地，籬笆牆垣傾斜敗壞，圍著六間茅屋，連妻子兒女都容納不下，更不用說僕人奴婢了。劉裕贈給他牛馬金錢，又為他建造府邸，吳隱之都堅辭不受。他的生活來源就是每月的俸祿。每月初領到俸祿，除了留部分用作全家人必要的吃穿用度外，吳隱之把其餘的都分散救濟親族。有時吳家窘迫到極點，一天的飯全家人要兩天吃。吳隱之穿著常年不變的布衣，冬天的時候要披棉被禦寒。義熙八年（四一二年），吳隱之上書退休，第二年去世。

　　吳隱之沒有留下太多的政績，政治能力也有欠缺的地方，但他身處貪腐奢侈的社會中能夠終身潔身自好、廉潔奉公，本身就是莫大的成績。

二

　　一提到魏晉，混亂是頭號關鍵詞，貪腐可能就是第二個關鍵詞了。即便是這樣，社會上依然有清廉的氣息。《世說新語》提到東晉初期，臨川太守周鎮卸任回建康，還沒上岸，丞相王導去看他。當時是夏天，一場暴雨突然降臨南方，周鎮的船又狹又小還漏雨，王導根本找不到坐的地方。王導感嘆道：「胡威之清，何以過此！」周鎮很快被派往經濟中心吳興任太守。還有范宣也是著名的廉吏，豫章人韓某要送他一百匹絹，范宣不接受；韓某減為五十匹，范宣還是不接受；如此遞減，最後減至

一匹，范宣還是不接受。最後，韓某和范宣同車而行，韓某撕下兩丈布來送給范宣，說：「你總不能讓妻子沒有衣服穿。」范宣這才笑著接受了。

之前有重要表現的荊州刺史殷仲堪也有廉潔表現，在任時遇到荊州水災。殷仲堪每餐只吃五盤菜（和之前相比大為儉樸），也沒有特別的菜餚，飯粒落到蓆子上，他都撿起來吃掉。在眾多實權人物中，殷仲堪比較廉潔。他常常對子弟說：「不要因為出任封疆大吏，就認為我會捨棄操守。甘於清貧是每個士人的本分，怎麼能夠平步青雲而拋棄最根本的品德和操守呢！你們要記住這個道理。」這句話道出了廉潔之人能出淤泥而不染的根本原因。

個人言行取決於內心品德和操守，和大環境沒有太大關係。那些把個人罪行歸咎於大環境的人，都是在為自己推脫。

別迷戀桃花源，那只是個傳說

一

義熙末年的一個清晨，柴桑鄉間的一位老農叩響了陶淵明家的柴門。他帶酒來與陶淵明同飲，陶淵明欣然接受。透過從房頂和四壁漏處照進來的晨曦，老農看到陶淵明家徒四壁，無以為繼，就勸他出仕：「襤褸屋簷下，未足為高棲。一世皆尚同，願君汩其泥。」（矮房破屋、衣衫襤褸，這樣的生活不適合你陶淵明。世間之人都渾渾噩噩，你為什麼不和他們同流合汙呢？）陶淵明回答：「深感老父言，稟氣寡所諧。紆轡誠可學，違己詎非迷？且共歡此飲，吾駕不可回。」他謝絕了老農的勸告。

幾年後的宋文帝元嘉元年（西元四二四年），江州刺史檀道濟親自到陶淵明的草舍探訪。此時的陶淵明已經又病又餓，臥床不起多日了。檀道濟見狀勸他：「賢者在世，天下無道則隱，有道則至。今子生文明之世，奈何自苦如此？」（現在是太平盛世，你為什麼不出來做官？何必自我折磨呢？）陶淵明說：「潛也何敢望賢，志不及也。」（我的志向不在當官上。）檀道濟無奈，送給陶淵明許多糧食和肉，結果還被陶淵明「揮而去之」。

在東晉南朝，陶淵明是個孤獨寂寞的隱者，不被同時代的人所理解。

魏晉南北朝時期，被樹立為主流意識形態的依然是儒家思想，但掌權者真正奉行的始終是法家思想，尤其是在九州動亂、朝廷衰微的背景下，各派人物將現實主義政治發揚光大，法家思想更是大行其道。比如司馬睿送給太子司馬紹的圖書禮物，不是《詩經》、《論語》或者《尚

書》，而是《韓非子》。政治鬥爭異常殘酷。出於對現實政治的反叛，玄學盛行，社會上以清談為樂。玄學為許多人提供了躲避殘酷現實、保持獨立人格的可能。而陶淵明拋棄了這一切，不信奉任何思想學派，奉行簡單、平淡、真實的隱居生活。他沉默少言，想說話就說，不想說話就不說；喜歡讀書和寫作，卻不以精通某家學問或者追求什麼為目的；喜歡喝酒，就盡情喝酒。陶淵明在〈五柳先生傳〉中寫道：「宅邊有五柳樹，因以為號焉。閒靜少言，不慕榮利。好讀書，不求甚解；每有會意，便欣然忘食。性嗜酒，家貧，不能常得，親舊知其如此，或置酒而招之。造飲輒盡，期在必醉。既醉而退，曾不吝情去留。環堵蕭然，不蔽風日；短褐穿結，簞瓢屢空，晏如也！常著文章自娛，頗示己志。忘懷得失，以此自終。」《晉書》在〈陶潛傳〉開篇不久就引用了這篇文章，認為這是陶淵明的自傳。如果說陶淵明的人生有什麼「目的」的話，那就是堅守率真、獨立的人性。所以他不為務實的東晉政治所吸納，也不為當時或宗法家或宗玄學的士人所理解。

率真、獨立的人性在複雜的現實中難以保持，所以陶淵明的後半生遠離了塵囂，躬耕自資。他寫了一篇〈桃花源記〉，來描繪他理想中那平淡、簡單的生活圖景：

晉太元中，武陵人，捕魚為業，緣溪行，忘路之遠近，忽逢桃花林。夾岸數百步，中無雜樹，芳草鮮美，落英繽紛。漁人甚異之。復前行，欲窮其林。林盡水源，便得一山。山有小口，彷彿若有光。便舍船，從口入。

初極狹，才通人；復行數十步，豁然開朗。土地平曠，屋舍儼然。有良田美池桑竹之屬，阡陌交通，雞犬相聞。其中往來種作，男女衣著，悉如外人；黃髮垂髫，並怡然自樂。見漁人，乃大驚，問所從來，

具答之。便要還家，設酒殺雞作食。村中聞有此人，咸來問訊。自云先世避秦時亂，率妻子邑人來此絕境，不復出焉；遂與外人間隔。問今是何世，乃不知有漢，無論魏晉。此人一一為具言所聞，皆嘆惋。餘人各復延至其家，皆出酒食。停數日，辭去。此中人語云：「不足為外人道也。」

既出，得其船，便扶向路，處處志之。及郡下，詣太守，說如此。太守即遣人隨其往，尋向所志，遂迷不復得路。南陽劉子驥，高尚士也，聞之，欣然規往。未果，尋病終。後遂無問津者。

從此，桃花源，一個若有若無的仙境，成了中國文人心目中理想世界的代名詞。千百年來，一代代後來者或苦苦追尋或刻意營造想像中的「世外桃源」，更有一代代崇拜者，力圖證明桃花源是真實存在的，而不是陶淵明的虛構。

二

陶淵明（劉宋建立後改名「陶潛」），字元亮，是東晉名臣陶侃的曾孫。在他出生時，陶家已經敗落，陶淵明九歲喪父，與母妹三人寄宿在外祖父孟嘉家裡，艱難度日。

孟嘉是名士，「行不苟合，年無誇矜，未嘗有喜慍之容。好酣酒，逾多不亂；至於忘懷得意，旁若無人」。陶淵明一定程度上繼承了外祖父不求虛名的率真個性，也繼承了外祖父酣酒的嗜好。孟家藏書很多，為陶淵明提供了良好的學習條件。歷史上沒有記載陶淵明的老師是誰，陶淵

明很可能是自學成才。這就使得陶淵明的人格無拘無束地蔓延生長，開出了求真淡定的花朵。在其他人熱衷「三玄」（老子、莊子、周易）、士人從小鑽營進取的兩晉時代，陶淵明自由選擇學習了儒家的六經，遍覽了文、史、哲以及神話等閒書、異書。結果，兩種思想在陶淵明身上紮下了根。一是多數學問都倡導的入世思想，陶淵明也有兼濟天下、撫慰蒼生的志向抱負，渴望施展才華做出一番功業來；二是清正獨立的人格根深蒂固，陶淵明正邪分明，去偽存真，不阿諛、不諂媚、不說假話、不做壞事。他要按照「正確的思路」闖出一片屬於自己的天地來。

因此，陶淵明就遇到了中國歷史上所有獨立正直又有抱負的讀書人會遭遇的難題。現實不會讓你順利地施展才華實現抱負，而是對你設定種種障礙。讀書人要想成事，必須妥協讓步，要麼委曲求全曲膝踐志，要麼喪失獨立性在現實中隨波逐流，不會讓你既保持清正獨立的人格又實現理想抱負。如果你不願意如此，輕者在現實中被摔打得頭破血流，重者被掃地出門無處容身。

陶淵明就屬於不願意向現實妥協的那類人。

太元十八年（三九三年），陶淵明懷著「大濟蒼生」的願望，出任江州祭酒。當時他已經二十九歲了。東晉門閥制度森嚴，世族能夠二十為官，寒門卻只能三十試吏。曾祖父的成功並沒有讓陶淵明擺脫寒門身分，他入仕即遭人輕視。同時，陶淵明對官場冗繁無聊的生活很不適應，對官吏脫離百姓民生的工作不以為然，很快就辭職回鄉了。之後，江州又召他出任主簿，他也辭謝了。隆安四年（四〇〇年），陶淵明覺得荊州刺史桓玄有所作為，跟隨他可能實現自己的抱負，於是主動投入桓玄門下做屬吏。不想，桓玄的有所作為是篡奪東晉的天下，陶淵明不願意同流合汙做亂臣賊子，便在第二年借母親去世之機，掛冠而去。元興

元年（四〇二年），桓玄叛亂，攻入建康，第二年篡位稱帝。陶淵明對桓玄稱帝深恨在心，思考如何報國，得知劉裕聯合劉毅、何無忌等人起兵討桓，便馬上離家，喬裝冒險到達建康，把桓玄挾持安帝到江陵的始末報告劉裕。陶淵明對此舉很是得意，認為做了一件對國家百姓有利的事情。他看到劉裕主政後革新政治，作風不俗，便留在劉裕幕下任鎮軍參軍。劉裕以身作則整頓朝政，「內外百官，皆肅然奉職，風俗頓改」。陶淵明一度以為自己找到了事業歸宿，和劉裕走得很近。馬上，陶淵明便失望地發現劉裕的這些作為其實是在為篡位稱帝做準備，於是在義熙元年（四〇五年）去職。

同年秋，叔父陶逵介紹陶淵明出任彭澤（今江西湖口）縣令。此前的陶淵明斷斷續續出任了多個低階官職，都做不久，沒有積蓄又酗酒，家庭生活開始出現困難。東晉的官吏有「職份田」，到任耕種，卸任歸還。陶淵明到任後想在職份田上全種上釀酒用的秫穀，說：「讓吾常醉於酒，足矣。」妻子不同意，要種上可以吃飯換錢的粳米。夫妻爭吵的結果是一頃五十畝田種秫穀，五十畝種粳米。隨著現實和理想差距日益擴大，陶淵明酗酒也越來越厲害。不過沒有等到種下去的秫穀成熟，陶淵明又掛冠而去。原來追求簡單真實的陶淵明上任後，有事辦事，沒事休息，從不和上級、同僚「聯繫感情」。一日，潯陽郡遣督郵來到縣裡，屬吏告訴陶淵明應該束帶正裝去見。陶淵明嘆道：「吾不能為五斗米折腰，拳拳事鄉里小人邪！」於是授印去職。陶淵明的彭澤縣令在任僅八十一天，卻為他贏得了「陶彭澤」的雅號。

卸任後，陶淵明十三年的仕宦生活結束，此後再未出仕。在這十三年中，陶淵明一心報國利民，輾轉為官又輾轉失望辭職，最後絕望地發現殘酷的現實並沒有為他那清正獨立的人格留下空間。他只能選擇隱

居。陶淵明寫道：「誤落塵網中，一去三十年。羈鳥戀舊林，池魚思故淵……久在樊籠裡，復得返自然。」西元四〇五年的這一天，中國歷史上少了一個縣令，卻多了一位開創文派、重新整理思想的大師。

三

陶淵明辭官回到鄉裡，過起「開荒南野際，守拙歸園田」的生活。夫人翟氏安貧樂賤，「夫耕於前，妻鋤於後」，共同勞動，維持生活。

陶淵明很享受純樸、簡單的鄉村生活，鄉間沒有複雜的權力糾紛、鄉民不會爾虞我詐、黨同伐異。「曖曖遠人村，依依墟里煙。狗吠深巷中，雞鳴桑樹顛」，這些平凡的鄉間景象，在陶淵明筆下特別親切溫暖。陶淵明一家成了普通百姓，生活壓力自然比當官的時候要重許多。四十多歲的陶淵明拿起鋤頭，「種豆南山下，草盛豆苗稀。晨興理荒穢，帶月荷鋤歸。道狹草木長，夕露沾我衣。衣沾不足惜，但使願無違」。他也日出而作，日落而息，辛勤勞動希望能有好的收成，真正體會到了普通百姓的辛苦。他和一起勞動的鄉親們「想見無雜言，但道桑麻長」，日常瑣事和收成好壞成了大家的共同話題。東晉南朝對百姓的剝削是很重的，尤其是大量戶口庇蔭在世族豪門名下，像陶淵明這樣的自耕農承擔了越來越重的稅賦。社會貧富差距懸殊，富裕人家的田地跨州連郡，窮人家無立錐之地；富裕人家山珍海味，窮人家連米飯、稀粥都不能保證，菜餚只是粗鹽醃菜而已。

歸隱之初，陶淵明的生活尚可，有「方宅十餘畝，草屋八九間，榆

柳蔭後簷，桃李羅堂前」。他喜愛菊花，宅邊院前遍植菊花；繼續嗜酒，朋友來訪，無論貴賤，只要家中有酒，必與同飲，飲必醉。他先醉，便對客人說：「我醉欲眠，卿自便。」在最初的幾年裡，陶淵明勞動雖然辛苦，但還能自由地爬山、寫詩、喝酒，並灑脫地處理來自官場的打擾。江州刺史王弘崇拜陶淵明，主動上門拜訪，陶淵明稱病不見。王弘派人偵察，得知陶淵明將遊覽廬山，就叫陶淵明的故人龐通之等人齎酒在半道上攔住他。陶淵明既遇酒，引酌野亭，欣然忘記了登山。王弘適時出來相見，歡宴了一整天。陶淵明沒有鞋，王弘馬上讓左右為他編一雙鞋。左右要量陶淵明的腳，他就坐在那裡伸出腳來讓別人量。王弘邀請陶淵明去江州，問他怎麼去，陶淵明說：「我素有腳疾，以前是坐藍輿的，現在也能走回去。」王弘就讓一個門生和兩個兒子把陶淵明抬到江州。面對王弘這樣的權貴，陶淵明談笑自若，絲毫沒有羨慕、趨附權貴的意思，得到了時人的讚揚。

陶淵明的〈飲酒〉詩可以對他歸隱的早期生活做一個總結：「結廬在人境，而無車馬喧。問君何能爾？心遠地自偏。採菊東籬下，悠然見南山。山氣日夕佳，飛鳥相與還。此中有真意，欲辯已忘言。」

義熙四年（四〇八年）夏天，陶淵明那閃耀著奪目文化光輝的「方宅十餘畝，草屋八九間」被一場無情的大火焚毀一空。陶家不得不遷至其他村子重新安家，此後家境每況愈下。為了養家餬口，陶淵明的勞動強度驟然加大，可即便他終年辛勞，還是生活窘迫。如逢收成好，陶家尚可以「歡會酌春酒，摘我園中蔬」，一旦遇上災年則陷入「夏日抱長饑，寒夜列被眠」的困境。最後，陶淵明可能是把宅地給賣了，全家寄居在船上。現實是如此殘酷，世外桃源般的歸隱生活即便能夠存在一時，也不能存在一世。

到了晚年，陶淵明的生活難以為繼了。據說他的兒子都是痴呆，一家人的生活始終依靠年邁的陶淵明。晚年陶淵明的生活來源主要靠乞討和借貸。有的朋友會主動賙濟他，有的就需要陶淵明親自上門乞借了。政治的打擊接踵而來，西元四二〇年劉裕篡奪了東晉的天下，建立了劉宋王朝。那個陶淵明曾經寄託忠誠和夢想，希望在其中有所作為的王朝不復存在了。永初三年（四二二年），年近花甲的陶淵明生活已近絕境，他在〈有會而作〉一詩中寫道：「弱年逢家乏，老至更長饑。菽麥實所羨，孰敢慕甘肥！」他長期餓著肚子，求一把菽麥都不可得。

　　令人吃驚的是，在最困難的時候，陶淵明依然一次又一次地拒絕朝廷的徵召，拒絕再次踏入官場，哪怕是領取一份清閒的俸祿來改善自己和家人的生活。他對困窘的生活際遇淡然置之，仍然堅持寫詩，繼續歌唱自然，品味田園，鍾情理想中的桃花源。老朋友顏延之在劉宋景平元年（四二三年）出任始安郡太守，經過潯陽找他喝酒。臨別，顏延之留下兩萬錢接濟老友生活，陶淵明全部送到酒家換取久違的美酒。越是貧病交加、現實打擊越重，陶淵明就越離不開酒精。

　　元嘉四年（四二七年），陶淵明身體不行了。九月中旬，陶淵明在清醒時為自己寫了〈輓歌〉組詩。在第二首詩中，他自嘲死後可以「鼓腹無所思」，設想了死後「在昔無酒飲，今但湛空觴。春醪生浮蟻，何時更能嘗。餚案盈我前，親舊哭我傍」的情景。在第三首詩中，陶淵明說「死去何所道，託體同山阿」，平淡地迎接死亡的到來。冬天，陶淵明去世，享年六十三歲。

　　陶淵明及其作品在南北朝不為人重視，卻在幾百年後獲得了空前的讚譽和如潮的掌聲。

　　陶淵明的詩在南北朝時影響不大。劉勰的文論《文心雕龍》對陶淵

明隻字未提，鍾嶸《詩品》將陶詩列為中品。唐宋之後，讀書人開始發現幾百年前的陶淵明是那麼有代表性，那麼前瞻地預示了文人的困境。他用生命營造出來的「桃花源」意境是那麼美，能給人暫時的逃避和休憩，能給人無限美好的想像。於是，不管是入仕還是沒有入仕，不管是得意還是失意，士人們紛紛附庸陶淵明，解讀他的田園詩。因為沒有文人能夠逃脫現實和理想的巨大鴻溝，沒有文人能從中找到兩全其美之道，陶淵明的探索已然是最佳選擇了，所以陶淵明始終擁有穩固的擁護者。詩仙李白的「安能摧眉折腰事權貴」，和陶淵明「不為五斗米折腰」遙相呼應。當年李白意氣風發出川來，滿心揚名天下，結果接連受到打擊，不得不醉情山水、詩文和美酒，最終在古江州附近赴水撈月而去；王維二十歲高中狀元，名揚四海，本想成就偉業，結果在中下級官僚序列中徘徊，最後歸隱終南山，「行到水窮處，坐看雲起時」；辛棄疾壯懷激烈，少年戎馬南北，中年久經前線，卻報國無門，壯志難酬，終將陶淵明引為知己，在〈念奴嬌〉中盛讚「須信採菊東籬，高情千載，只有陶彭澤」。最終陶淵明成了一類文人的典範，成了中國歷史的特殊符號。

魏晉風骨

一

魏晉時代是中國歷史上的大動亂時代，卻是知識分子性情張揚、風範永存的盛世。

知識分子的張揚與活躍，似乎與王朝權威的穩固程度成反比。唐宋元明清等王朝鞏固、皇權顯赫的時代，知識分子循規蹈矩，沒有太出色之處；春秋戰國、魏晉南北朝、晚清民初等大動亂時期，知識分子東奔西走，或吶喊鼓吹，或叩問內心，反而留下了不朽的絢爛篇章。

對個人內心壓制最重的障礙並非來自學問高低、家境貧富、眼界寬窄，而來自於政治權力，肇源於朝堂之上的權威。中國古代王朝要維持統治，總要推行統一的思想說教，客觀上剝奪了知識分子海闊天空思考的可能。強大的中央權威配合對知識分子的壟斷，讓社會盡量保持一個聲音。而魏晉時代，先是三國分立，然後是八王之亂和五胡亂華，恰恰是中央權威最低落的時期，為知識分子的張揚活躍提供了可能。這個時期，雖然儒學在官方的支持下，仍以經學的形式延續著，但受到了玄學和西域傳入的佛學的挑戰。人們的思想多元化了。知識分子自由思考的另一個原因是現實政治的黑暗。從曹魏初年開始，忠孝仁義的說教只停留在人們的口耳之間，就連說教者本人都不信奉。魏晉都以「禪讓」形式登基，統治階層貪腐墮落，朝政黑暗，哪有忠孝道德可言。出於對現實政治的失望和反抗，老莊思想和玄學進入了知識分子的視野。

後人往往以「魏晉風骨」（或者「魏晉風流」、「魏晉風度」等詞）來形容魏晉時期知識分子的精神風貌，進而指代那個思想活躍、自由奔放

的年代。我們可以從個人自由和政治權威的關係角度著手,了解當時知識分子的思想狀態。

二

　　個人自由和政治權威具有天然的排斥性。要思想自由,難以避開的問題就是要和政治權威保持距離。這說起來容易,做起來難,畢竟知識分子要生存、畢竟人的一生很難逃避官府的騷擾。但是,人們可以在思想上和政治權威保持平行,不阿諛不攀附,保持人格上的獨立。從東漢末年開始,正直的知識分子就刻意與政治保持距離。管寧和華歆,年輕時同席讀書。一次,有乘坐官車的顯赫人物從門外經過,管寧歸然不動,照樣讀書,華歆則丟下書本跑去觀看。管寧於是割斷坐席,和華歆拉開距離說:「你不是我志趣相投的朋友。」果然後來華歆成了逼漢獻帝禪位的曹魏開國大臣,為世人鄙夷;而管寧隱居遼東,教書育人,得到了知識界的普遍贊同。只有與權威拉開距離,知識分子才能客觀地看待政治,觀察社會,自由地思考。

　　思想和權威的平行姿態,逐漸塑造了一批剛正、耿直的魏晉文人,他們對權力做到了不卑不亢,勇於堅持自我、維護自身的利益。

　　東吳末年,吳主孫皓暴戾無常,動輒大開殺戮。一次在朝堂大會上,孫皓突然問大臣諸葛靚:「卿字仲思,為何所思?」諸葛靚正色說:「在家思孝,事君思忠,朋友思信,如此而已。」這裡說的忠孝、誠信都是正直高尚的人應該具備的,可惜孫皓並不具備。諸葛靚勇於當面指出

孫皓的缺點,可謂膽大。諸葛靚是曹魏叛將諸葛誕的兒子。諸葛誕割據揚州反抗司馬家族篡位,派諸葛靚入吳求援,失敗後諸葛靚就留在了東吳。東吳滅亡後,諸葛靚遷徙到洛陽居住,拒絕晉朝的委任,一直沒出來當官。他因為與晉室有仇,常常背洛水而坐。其實,他和晉武帝司馬炎是兒時玩伴,感情很深,如果想當官機會是很多的。後來,司馬炎想見見諸葛靚這個老朋友,就透過諸葛太妃來邀諸葛靚進宮(諸葛太妃是諸葛靚的姐妹,嫁給了司馬懿的兒子司馬伷)。諸葛靚入宮,和諸葛太妃相見,司馬炎突然闖了進來,拉著諸葛靚飲酒敘舊。酒酣,司馬炎問道:「你還記得我倆當年竹馬之好不?」對一般人來說,皇帝親口提及當年的情誼,是多大的恩典啊!諸葛靚卻說:「臣不能吞炭漆身,今日復睹聖顏。」這裡的「吞炭漆身」說的是戰國刺客豫讓的故事。豫讓受知於智伯。韓趙魏三家合力攻殺智伯,豫讓為報知遇之恩,矢志復仇,於是漆身毀容、吞炭改變聲音,伺機刺殺趙襄子,事敗而死。諸葛靚則念念不忘司馬家的殺父之仇,說完這話涕淚交加,悲慟不已。司馬炎臉上無光,趕緊退場。出宮後,諸葛靚都以見到司馬炎為恥辱和人生的汙點。

這是對待皇帝的例子,還有許多對待權臣的例子。東晉王導徵召王述做屬官。議事的時候,王導每次講完話,下級官員紛紛爭著讚揚王導的遠見卓識、高屋建瓴,表示要貫徹落實王導的主張,現場充滿阿諛奉承之風。王述職位低微,只能坐在末尾,卻說:「丞相又不是堯舜,怎麼能每件事都正確呢?」這樣的認知,想必讀過書的人都知道,可並不是所有人都有王述那樣的勇氣。琅琊王家的王含擔任廬江太守期間,以貪濁聞名,聲名狼藉。其弟王敦是掌握天下一半兵權的梟雄,為哥哥王含護短,一次當眾說:「家兄在廬江政績卓著,廬江官民交口稱頌家兄!」王敦的主簿何充馬上正色說:「我就是廬江人,聽到的事情恰恰相反!」

此語一出，在座的人都為何充捏了一把汗，何充神色自若，沒有絲毫懼意。

最幽默的一個段子是裴楷創造的。裴楷是西晉的名士兼大臣。晉武帝一次曾在朝堂上自信滿滿地問：天下人怎麼評論我啊？裴楷馬上回答：「陛下肯定不能與堯舜相比，因為朝中有賈充這樣的人在！」賈充是司馬炎的寵臣，賈南風的父親，更是天下皆知的佞臣。裴楷的正直和膽量可見一斑，梁王、趙王是皇帝的近親，煊赫一時，封地富庶。裴楷每年都向兩位王爺借錢，且金額巨大，動輒幾百萬。借到錢後，裴楷都用來救濟貧寒的親戚故友，絕口不提還錢的事情。有人笑他：「你怎麼能靠騙錢來施恩惠呢？」裴楷則說：「我這是在劫富濟貧啊！」梁王和趙王都拿他沒辦法。

三

魏晉文人對政治權威的超脫，便利了個性無拘無束地發展。自由的思想海闊天空地馳騁，再配合老莊學說的自然無為，文人們言行、生活紛紛回歸了從容、淡定、自然的原始。魏晉可能是文人在思想上最放鬆、自然的時期——有人說南宋是文人的天堂，可能在生活的安定上南宋時期超過了魏晉，但在思想自由度上南宋絕對遜於魏晉。魏晉文人頭腦中去掉了許多枷鎖，身上少了許多約束，人際關係也趨向自然。

東晉時，王徽之擔任桓沖的參軍，桓沖死後王徽之轉赴建康任黃門侍郎。他在建康郊區遇到了從建康啟程赴江州去當刺史的桓伊。王徽之

早就聽說桓伊善吹笛，「善音樂，盡一時之妙，為江左第一」，只是沒有聽過。他馬上停船吩咐下人：「聞君善吹笛，試為我一奏。」下人嚇了一跳：桓伊出身桓氏望族，是淝水之戰的大功臣，又是新任的江州刺史，家族門第並不遜於王徽之的琅琊王家，但聲望、地位遠高於王徽之。你讓他為你吹笛，人家憑什麼聽你的啊？下人硬著頭皮去傳話了。沒想到，桓伊聽說有人想聽笛，隨即叫停車駕，下車，布置胡床，拿出笛子吹了起來（據說吹的是〈梅花三弄〉）。吹罷，桓伊上車而去，王徽之繼續行船，客主不交一言。

　　魏晉時期的家庭關係也比較直接、自然，不像後世那般繁瑣多禮。晉武帝時期參與滅吳的王渾，出身太原王氏，娶了著名書法家鍾繇的曾孫女鍾琰為妻。一次，王渾與鍾氏共坐，看到兒子王濟從庭前經過。王渾欣慰地對妻子說：「我們生下了這樣的兒子，足慰人意！」鍾琰卻笑道：「如果我當初嫁給了你弟弟王倫，生下的兒子肯定比我們兒子更優秀！」此話一出，夫妻倆並沒有反目，還是相敬如賓。又比如，荀彧的兒子荀粲和妻子感情深厚。冬天，妻子發燒生病了，荀粲就跑到庭院中把自己凍冰了，然後回到房內用身體為妻子降溫。妻子死了，荀粲悲哀過度，不久也死了。荀粲生前解釋過自己為什麼深愛妻子：「婦人德不足稱，當以色為主。」意思是自己的妻子是大美人，自己更看重女子的外貌而非品德。古代講求「婦德」，為婦女加上層層枷鎖，用所謂的「德」來抹殺女性本身的風韻魅力，束縛婦女追求美貌、男子熱衷美色的權利，荀粲的話一針見血，強調了男女關係的應有之義。它的意義在此。裴楷就評價道：「荀粲這句話是情之所至所說的，並非盛德之言，希望後人不要理解錯了此話。」

　　對於厭惡的人和事，魏晉時期的人也不需要虛偽地掩飾，可以愛憎分明地表達出來。晉武帝時，荀勖為中書監，和嶠為中書令。慣例是，

監令同車往來。和嶠性情文雅、正直，對荀勖的諂諛奉承非常厭惡。每次公車來了，和嶠就搶先上車，一本正經地一個人坐兩個人的座位，不讓荀勖上車。荀勖只能再找車。歷朝歷代的人，做到了達官顯貴的層次，幾乎都修煉得圓滑得很，不要說跟厭惡的人同車而行，就是和敵人稱兄道弟也大有人在。只有在魏晉，道不同，不同車而行。從此開始，晉朝對朝廷的監、令各給專車。

魏晉文人天性自然，敢作敢為的典型例子發生在王粲的葬禮上。王粲生前最喜歡聽驢叫，司馬昭參加了他的葬禮，對弔唁的人說：「王粲最好驢鳴，我們可各作一聲以送之。」來客紛紛響應，大家都學驢叫來為王粲送行。

四

與個人的魏晉風骨相伴隨的是那個時代寬容的社會氛圍。寬容的氛圍，不知道是「魏晉風骨」的表現，還是它的原因。人們很難說清楚，到底是魏晉風骨帶動了社會氛圍的寬容，還是寬容促成了文人的自由、正直和灑脫。

西晉時曾任尚書令的樂廣看到當時清談風氣興起，人人談玄學，還有的人以任放為達，甚至裸體見人，雖然不認同不支持，但也沒有利用權力進行打壓。樂廣留下了一句名言，足可以反映魏晉時期的寬容。他說：「名教中自有吸引人的樂趣，何必去追求放達和裸露呢？」人各有志，有人愛熊掌魚翅，有人愛青菜蘿蔔，不必強求統一。嵇康在玄學中

得到快樂，樂廣在名教中獲得樂趣，那麼就各做各的吧！儘管魏晉時期也出現過殺害嵇康之類扼殺思想自由、破壞社會寬容的惡性事件，魏晉文人的思想並非完全的自由，但鎮壓畢竟是少數，是暫時性的事件。司馬昭殺害嵇康不久就感到後悔了，殺戮一個對政權沒有直接危害的清談者卻激起了文人集團和政權的直接對立，得不償失。同樣，王導、王敦等大權在握的人，對公然頂撞、出言不遜的王述、何充等人，心裡肯定不舒服，可是也能做到默然以對，不去打擊報復。因此，魏晉社會總體非常寬容，政治權力很少打壓思想自由。

謝無奕的性格非常粗暴，一有不如意的地方就惡語相向。王述和他有幾件事不合，謝無奕就跑到衙門去，衝著王述大吼大叫。王述正色面壁不敢動。大半天後謝無奕走了，王述才轉頭問左右的小吏：「走了沒？」回答：「已去。」王述這才重新回到座位坐著，繼續辦公。

最典型展現社會寬容的是司馬睿的例子。司馬睿慶祝皇子誕生，普賜群臣。大臣殷洪領了賞，謝主隆恩，然後謙虛了一句：「皇子誕育，普天同慶。微臣在這件事情上沒什麼功勞，愧受厚賞。」司馬睿笑著回答：「生皇子這種事情，怎麼能讓愛卿立下功勞呢？」一來一往，殷洪無意，司馬睿幽默。便是在開明盛世，這樣的段子也極少會在君臣之間出現吧？

魏晉時期，文人的絕妙表現還有很多，留下了無數閃光的言行。南朝劉宋的臨川王劉義慶廣招文學之士，蒐羅材料，潤色整飾，編撰了《世說新語》。這本書為後人保留了魏晉風骨的絕佳素材。其中自由、正直、寬容的魅力，吸引著後來者不斷翻看這本書。書中的文人盛事在大一統的秦漢時期沒有出現，在之後的隋唐兩宋元明清更不可能出現了，正因為獨特，才具有重要的欣賞和參考價值。

行政區劃上的較量

一

兩晉銜接期間，大批官民逃難到南方去，南方的司馬睿勢力百廢待興，問題重重。作為對諸多問題的回應，東晉王朝發展出了一種新的政區制度：僑置郡縣。

僑置郡縣的起因很複雜。北方大亂，大批老百姓攜家帶小，舉家甚至全族往南方逃難。逃難百姓的規模很大，北方各州都有數以萬計甚至十萬計的人口遷出，湧向南方。在兩晉銜接期間南逃的人口估計占北方戶口登記人口的三分之一左右。如何安置如此眾多背井離鄉的百姓，成了擺在司馬睿等人面前的一大難題。

我們知道，古代社會是最重鄉土觀念的。古代人多數一輩子都生活在本鄉本土，流動性很小。他們的經濟收入、人際網絡、悲歡離合和祖宗墳墓都在故鄉，如果沒有實在熬不過去的困難是不會離鄉逃難的。而一旦難民潮湧動起來，問題就層出不窮。逃難的百姓等於拋棄了家產和收入，與過去的經濟和社會網絡一刀兩斷了，他們靠什麼生活？逃難的過程中如何解決吃穿的問題？遇到困難，比如生病、戰火，找誰依靠？逃難過程中，難民如何處理與當地居民的關係？任何一個問題處理不好，都可能引發紛爭。兩晉銜接期間的戰亂有兩大叛亂勢力，除了北方的少數民族勢力，就是各地風起雲湧的流民武裝——王彌、石勒等人的主要武裝力量其實就是北方的漢族難民。司馬睿之所以能在南方站穩腳跟，很大一個原因就是依靠王敦、陶侃等人鎮壓了南方的多支流民武裝，穩定了局勢。可是南渡的難民越來越多，總不能全部採取鎮壓的態度吧！

緊隨著而來的問題是：如果朝廷不妥善處理好流民問題，流民群體中的梟雄、大族甚至個別野心家就會搶先把流民組織起來，為自己所用。難民流動的時候，遇到問題和糾紛需要強而有力的人物出來主持解決。這些人物一般是原來居住地的豪門大族，也有部分人是能力出眾的強人。他們就成了流民組織的領袖，東晉初期的祖逖、蘇峻等人就是這樣的領袖人物。他們一旦擁有了組織，就會提出各自的政治主張。這一點也是朝廷不樂意看到的。

　　因此，東晉王朝採取的方法是專門劃出南方的土地來，安置流民。安置的目的是，即便不能讓流民在南方安居樂業，最起碼能讓流民有飯吃、不揭竿而起。最初簡單的安置行動，後來摻雜進來了朝廷和貴族高官們的政治目的，發展成為僑置州縣。

　　朝廷有什麼政治目的呢？東晉王朝以天下正統自居，卻偏居一隅，失去了對天下主要領土的控制，地位非常尷尬。司馬家族唯一可以炫耀的就是王朝正朔，自己的祖先曾經是天下共主。但這個標準太主觀了，劉淵就說我是漢朝的外甥，我的祖先也曾是天下共主；赫連勃勃更絕，說我是夏朝大禹的後裔，我的祖先統治天下比你們更早。因此，客觀的領土大小，尤其是誰占領著作為天下中心的中原、兩京，就成了誰是天下正統的重要標準。先後占領中原的兩趙、兩秦、燕國等通通不承認東晉是天下正朔，蔑稱東晉是「司馬家兒」、「島夷」、「南國」。東晉因此要延續天下共主的架子，起碼在形式上要維繫對失地的「統治」，就想到了在安置北方南下流民的同時「恢復」北方的政權形式：我有北方的百姓、有政權形式，我還可以對北方領土宣示主權。於是，東晉劃出一塊南方的土地安置幽州流民，就恢復幽州的郡縣名稱；安置山東流民，就用原來的山東郡縣來稱呼本地。這些州、郡、縣因為不是本土，所以被稱為僑州、僑郡、僑縣。

對於北方政權新立或改名的州、郡、縣，南方絕不僑置，或者沿用舊名，以表明對北方政權的否定。

除了宣示正統和主權外，僑置州縣還可以和北方政權爭奪人口。北方政權一般得不到漢族百姓的認可。當漢人知道南方有同鄉重建了故鄉的郡縣，那裡有鄉音、鄉俗和故鄉的街巷里弄時，他們很自然願意逃離北方政權的統治，投奔東晉僑置的州縣。僑置州縣在實踐中吸引了許多人口持續南渡，增強了東晉的實力，弱化了北方政權的力量。在冷兵器戰爭時代，人口可是決定國力的關鍵因素，重要性並不亞於領土。在這個較量中，東晉占據著優勢。

高官顯貴們又有什麼政治目的呢？東晉朝廷的掌權階層是北方南渡的世族豪門。他們以門第相互標榜，門第和政治地位直接掛鉤：出身豪門的子弟壟斷高官，普通人家的子弟只能在中低階職位上徘徊。而地望是表明門第貴賤的主要標準。地望，即姓氏古籍中常用的「郡望」，指魏晉南北朝至隋唐時每郡顯貴的家族，意思是世居某郡為當地所仰望，並以此而別於其他的同姓族人。南渡的北方豪門們起初也很尷尬，比如，琅琊王氏失去了「琅琊」還算是琅琊的王氏嗎？陳郡謝氏離開了「陳郡」又如何保證家族的門第純潔？因為郡望和政治利益緊密相關，南渡世族們還以淪陷的舊地名自稱。安置流民的同時，恢復舊式的政權，符合南渡世族的利益。他們熱衷推動僑置州縣的建立。

凡此種種，就是東晉僑置州縣的特殊背景。司馬睿南遷時，琅琊百姓隨司馬睿過江的有一千多家。太興三年（西元三二〇年），司馬睿僑立懷德縣於建康，以安置這些琅琊流民。晉成帝司馬衍咸康元年（三三五年）又在江乘縣（今江蘇句容縣北六十里）境內僑立琅琊郡，為了和北方的琅琊郡區別起見，稱為南琅琊郡。北方的琅琊郡有臨沂縣（琅琊王

氏就是這一縣的人），於是南琅琊郡也僑立臨沂縣（還是在江乘界內）。這可以算是僑郡縣的創始。

有人將僑置州縣的歷史推前到了漢高祖劉邦的時候。高祖七年（西元前二○○年）在酈邑（今陝西西安市臨潼區東北）建城，城社、街庭、居家都模仿故鄉豐縣，並真的遷徙豐縣百姓居住其中。劉邦這麼做的原因是他的父親劉太公不習慣長安的環境，想念故鄉，為了解決老父親的思鄉之情，劉邦乾脆在關中造了一個新豐縣。三年後劉太公死了，酈邑乾脆更名「新豐」。此後，西漢、東漢西北、東北邊界不斷變化，為了安置撤退的邊民，也常常在邊界僑置郡縣。不過喬治郡縣成規模、制度化，還是在東晉。

二

制度一開，「一時僑州至十數，僑郡至百，僑縣至數百」。東晉在名義上還擁有對天下各地的統治。隨著時間的推移，僑置州縣制度發生了複雜的變化，利弊並存。

首先，州縣的僑置和流民人口的多少直接相關。北方百姓南逃的大致情況是離江南比較近的黃河南岸百姓南遷比較多、黃河以北和西北地區的百姓逃到江南的不多。僑置之初，東晉設定了各州政權，後來因為幽州（今河北北部、京津一帶）、冀州（今河北大部和河南北部一帶）流寓江南人口較少，廢除了這兩個僑州。而兗州、豫州、徐州諸州（都在今河南、山東黃河以南地區）南渡的流民較多，州級監制始終存在。具

體到郡縣，情況也類似，流民較多的地區，僑置政權比較完備。

　　其次，僑置州縣的名稱、隸屬關係越來越複雜。南北都有琅琊郡，怎麼區別呢？最常用的方法是在南方的琅琊郡前加一個「南」字，以示區別，比如「南琅琊」、「南徐州」等。後來東晉北伐，一度收復了青、兗、徐、豫、司、雍等州，就在新收復郡縣上加「北」字，以資區別。僑置的西北、四川地區的郡縣，則互加「東」、「西」以示區別，比如「東馮翊」、「東弘農」等。這還算是僑置州縣最簡單的冠名法，至於一郡一縣百姓僑寄數處，分別設定州縣；又比如郡縣淪陷，於是僑置，後經收復，又再淪陷，反覆僑置；再比如北方州縣因為百姓逃難已經被取消、合併或重新組成，原郡縣無處可覓，南方僑置郡縣依然存在等等。州縣名字只能越來越複雜。隸屬關係就更複雜了。僑置郡縣分散在原來南方各郡縣內部（往往是南方某地僑置了東南西北數個地名），不可能像原來那樣隸屬，於是就出現了有的僑置郡縣隸屬南方州郡管轄，有的南方郡縣屬於僑置州縣管轄；有的僑置郡縣雖然還照搬原來的隸屬關係，但管轄的郡縣分處多塊「飛地」；有的僑置州郡下轄郡縣，並非原來郡縣，而是其他州郡僑置的。以現在的行政區劃為標準舉個例子：「南山東省」管轄「南青島」、「南威海」、「南泰安」、「東寶雞」四個地方，其中「南青島」位於江西，「南威海」、「南泰安」和「東寶雞」位於福建，而「南山東省」的治所卻在江蘇。而朝廷又把浙江的嘉興、湖州兩個南方原來的政區要劃歸「南山東省」管轄。這是不是人為製造了行政區劃的混亂？然而，出於政治和現實利益的考慮，僑置政區日漸紛亂又迫不得已。

　　第三，僑置州縣和南方州縣、僑置流民和原住居民的矛盾日漸激烈。僑置州縣的本意是借土寄寓。南方郡縣的土地被拆分，自然心有不願。隨著行政區劃日漸紛亂複雜，僑州郡縣分割南方州郡縣的實土越來

越嚴重，部分南方郡縣還改隸於僑州郡者。部分北方強盛世族「反客為主」，甚至裁撤南方郡縣來僑置自己的鄉土故郡。這些難免不引發南方郡縣的反感。而為了安置和吸引流民，東晉對僑置郡縣的百姓另行登記，稱為「僑人」。僑人的戶籍稱為「白籍」，不算正式編戶，不負擔國家調役。南方原居住人口卻要承擔越來越重的稅賦和徭役，南方住民和僑人的關係也開始惡化。隨著南方居民的躲避和世族大家侵吞人口，朝廷能控制的戶籍人口越來越少。因此，東晉出現了多次「土斷」：清查戶口，將僑人改變為編戶，承擔國家賦役。流民在南方定居多年，事實上和原住居民差別越來越少，所以土斷成果不錯。東晉朝廷增加了收入和兵源，「財阜國豐」。原住居民和僑人的關係也得到了調和。但因為部分僑人的反對和世族大家的阻撓，也因為陸續有新的北方流民南下，東晉歷次土斷都不徹底。之後的南朝還要面臨僑人和原住居民的戶籍問題。

最後，僑置州縣制度為南方帶來了巨大利益的同時，也遭到了北方的激烈反對。北方人南渡，帶來了北方相對高級的農業技術，南方的灌溉、蓄水、防洪、運河等水利工程不斷修築，富源不斷得到開發，江南的經濟實力趨向強盛。這為隋唐以後，中國經濟中心移到江南奠定了基礎。相對地，南方的強盛就是北方的衰落。北方政權對東晉南朝自恃正統、僑置州郡縣、吸引百姓的做法極為反感。《魏書‧韓顯宗傳》：「顯宗上言：自南偽相承，竊有淮北，欲擅中華之稱，且以招誘邊民，故僑置中州郡縣。自皇風南被，仍而不改。凡有重名，其數甚眾。疑惑書記，錯亂區宇，非所謂疆域物土，必也正名之謂也。」韓顯宗的上書，指出了南方政權打腫臉充胖子、政區紛亂複雜等問題，也驗證了僑置州縣的客觀效果對北方影響很大。北方政權也在邊界地區僑置南方州縣，想吸引南方百姓北逃，可惜效果很不理想。縱觀整個魏晉南北朝時期，

中國人口大致上是從北向南移動的。

僑置州縣越來越多，造成政區繁雜，導致「民少官多，十羊九牧」。隋朝統一南北後，開始重新劃定政區，大舉併省州縣，並改州為郡、以郡統縣。這才徹底根除掉僑置州縣問題。

三

最後說一下魏晉時期各國的疆域問題。

首先，各國疆域並非固定不變，而是經常變化，我們只能指出它們大致的疆域所在，而做不到精確的表述。三國時期，曹魏和吳蜀基本上沿著淮河、秦嶺一線對峙，其中曹魏在中部突出到現在的湖北中部一帶；而東吳和蜀漢基本沿著現在的三峽、貴州東部、廣西西部一帶對峙。東晉和北方對峙時期，南北分界線變化無常，極為複雜，大致上是沿著淮河、秦嶺一線南北移動，最南移動到長江沿線，最北推進到現在的黃河北岸。包括東晉在內的南朝歷代，比較穩定的疆域範圍，北抵淮南、江北，東及東海，南達南海兼有交趾。比較特殊的是巴蜀和漢中地區，先是被成漢占領，後為東晉收復；後來又落入前秦苻堅之手，繼為東晉叛亂的地方官譙縱割據，到東晉末年被重新收復。南方疆域最大的時期是東晉末年劉裕北伐時期。劉裕平南燕、滅後秦，收復山東、關中等地，使得東晉疆域北抵黃河，西到隴西，範圍之大不僅居東晉之首，而且為東晉南朝二百七十餘年間所僅見。不過這一盛況維持的時間十分短暫，關中很快淪陷，河南、淮北也逐漸為北魏所侵奪。到南朝時，南方疆域

又恢復到東晉原有的版圖。

其次，在軍事對峙上，北方占據優勢，南方基本採取守勢。從東吳到東晉，再到之後的宋齊梁陳都是如此。南朝對北方採取以守為主的防禦策略，力求發揮水師和水戰的優勢，對抗北方騎兵。（當年赤壁大戰，南方就是如此取勝的。）因為經濟和武備南方均弱於北方，南方政權高度重視防守，高築牆、廣積糧，修建了一系列軍事重鎮。壽陽、合肥、歷陽、廣陵、京口、襄陽、樊城、武昌、潯陽等城市的興起，都是出於軍事的需求，駐紮著南方軍隊的主力。比較特殊的還是四川地區。四川地區在地勢上處於江南和兩湖的上游，俯視後者，更要命的是分割了南方的長江天險。所以，滅南方者必先奪取四川（比如西晉滅吳），守南方者必先尋求保全四川（比如東晉歷次都是先收復四川，才能北伐成功）。

魏晉人怎麼過日子

一

魏晉時期的人們穿什麼樣的衣服，吃什麼東西？魏晉時代社會風俗如何，他們過春節嗎？魏晉人的生活負擔如何？他們讀書寫字嗎，又用什麼寫字呢？

這些都涉及魏晉時期人們的生活。討論魏晉人的生活，必須分清楚兩個斷層：因為南北分裂局面的存在，南方人和北方人的生活是不同的；又因為社會分等級，貧富和權力差距巨大，貴族和普通百姓生活在兩個完全不同的世界。

貴族們引領了魏晉豪奢的社會風氣。幾萬錢吃一頓飯還覺得沒有下筷子的地方，殺一頭牛就為了嘗一口牛心的味道，薰衣粉面走路都需要傭人扶持，這些都是典型的貴族生活場景。魏晉盛行厚葬，富人陪葬品豐厚，客觀上也主張了盜墓的風氣。亂世中梟雄特別喜歡盜掘魏晉墳墓，不知道魏晉貴族們知道後做何感想？石崇的鬥富、王濟的金溝，後人大可以批評他們的浪費，批評他們豪奢誤國。魏晉貴族階層發展為門閥世族後，都非常重視子弟的文化教育，日常言行務求文雅，喜歡以玄學清談和詩文唱和，其中固然有矯情和寄生的成分在，但客觀上推動了魏晉文化的發展。門閥世族掌握的文化是魏晉社會的支柱內容。

琅琊王氏子弟王筠曾說：「世傳安平崔氏、汝南應氏等家族相繼以文采著稱，可他們不過傳了二三世而已，不像我們王家一樣七代以來人人有文集，文化昌盛。」王家七代人的文集數量一定有灌水，可也從一個側面表現出來門閥世族對文化教育的重視。比如世族顏之推就提醒世族

子弟們不要放鬆了文化學習:「雖千載冠冕,不曉書記者,莫不耕田養馬……若能常保數百卷書,千載終不為小人也。」他的觀念頗具代表性,世族們認為文化層次的高低也是區別豪族和寒門的一大標準,維持門第的一大利器。魏晉的世族子弟都具備相當的文化層次,使得書聲在亂世中朗朗不絕。玄學的發展帶動了思想的活躍和進步,這也得感謝世族文化。如果不是一群衣食無憂的人,誰還會整天清談?儘管清談於時局和現實事務無補,談話者卻談出了境界,活出了精神。比如同樣是酗酒,劉伶喝醉了就能說出「死便掘地以埋」的話來。而同樣是喝水,晉代的士人就知道把水燒開了然後加上南方的茶葉泡茶喝。喝茶開始成為中國人生活的一部分,南方的製茶業也因此發展。

世族子弟的日常生活基本上是讀書、會客、清談、酗酒、喝茶,而普通老百姓的生活與之有天壤之別,構得上「悲慘」標準。

門閥世族的富庶豪奢並不代表魏晉整個時代的富裕,事實上魏晉因為戰亂,總體上是中國歷史上的貧困時期。兩漢已經相當發達的貨幣貿易退化為了以物易物的原始貿易。戰亂直接影響到商業衰落,土地荒蕪,百姓困苦,以實物交換為主體的自然經濟興起,成為魏晉時期經濟形態的主流。用來當作貨幣的實物,以穀米麥粟等農產品以及絹布綾綿等布帛為主。也就是說,魏晉時期的普通人不知道貨幣為何物。他們計算家產和稅負的標準是:張三的家產值幾頭牛?李四的田地今年能收多少石麥子?我到秋天應該交給官府多少匹絹?

建安九年(西元二〇四年),曹操正式頒布以實物納租繳稅的法令,為魏晉南北朝的租稅制度奠定了基礎。魏晉時期的男子,從十六歲到六十歲為「正丁」,都需要交納賦稅,兩端的年齡為「次丁」,部分項目可以減半。女子出嫁者為丁,沒有出嫁以二十歲為界限,都要像正丁

一樣繳稅服役。而兩晉的稅賦項目特別繁多，非常苛刻。最要命的是，稅賦沒有成文的規定。凡是軍國大事所需物品，或者是地方上出產的特產，都可能成為朝廷徵收的對象。也就是說，老百姓生活在沒有壓迫標準的環境中，隨時都可能被官府盤剝壓榨。

普遍的貧困導致了貿易的萎縮，依賴貿易成長的城市規模都不大。北方最主要的城市是洛陽。洛陽作為魏晉的都城，雖然多次被戰亂毀壞，但因為是黃河南北貿易以及西域和中原貿易的主要場所，很快得到了恢復，成為魏晉南北朝時期北方最大的都市；南方最大的都市是建康，因為它既是東吳、東晉和南朝四代的首都，又坐落在江南經濟區域的中心。其他比較大的都市，多數是軍事重鎮，因為駐軍或者屯田而發展起來的。典型的比如南北拉鋸地帶的襄陽、壽陽、廣陵等城市。又比如山東的廣固，建立的時間很短，因為山東各地遭戰亂反覆掃蕩成為一片廢墟，竟然迅速崛起為山東的大都市。而這個大都市的人口始終只有幾萬人。由此可見戰亂和貧困，制約了魏晉時期城市的發展。生活在都市中的人口極少，幾乎都是軍人、官吏、貴族和為他們服務的奴僕、工匠等。

有限的貿易集市也被官府牢牢掌握。貪官汙吏爭相擔任「司市」的官職，從中營私舞弊，常常向老百姓強買強賣，甚至搶劫貨物而不給錢。大富豪石崇就是靠搶劫商家發達起來的。

老百姓不堪負擔，或賣妻賣兒，或逃入江湖山谷採草葉為食。編戶大量逃亡，朝廷控制的人口持續減少，在編百姓負擔越來越重。整個社會不太穩定。

如果一個人是漢族人，他是生在北方比較幸福呢？還是生在南方比較愜意？各有各的憂慮和好處。南方百姓負擔非常重，且社會層級越來

越僵化，門閥世族壟斷政權，社會流動性很差。但好處是南方的政權相對北方來說要穩定得多，上層的爭權奪利幾乎沒有直接影響下層老百姓的生活。北方百姓的負擔比南方要輕得多。這一方面是因為北方政權更迭拉鋸頻繁，官府統治相對薄弱；另一方面是因為北方政權一般不信任漢族人，軍隊主要由少數民族組成，不武裝漢族人，這就讓多數漢族人不用服兵役了。當然了，生活在北方最大的壞處是戰爭太頻繁，生命得不到保障。北方出現了許多漢族人的塢堡，大家聚集在本地豪族或者強力人物周圍，建立武裝村落集中生活，在堡壘周圍耕種，遇到戰亂就自我武裝起來自衛。塢堡的武裝效果很明顯，少數民族政權對這些自衛村落相對客氣，不時還籠絡塢堡的頭面人物當官。

生活在北方有一個非常吸引人的地方，那就是有機會獲得屬於自己的土地。因為反覆戰亂，北方政權取得大量無主的荒地和棄田，沒收為國有，獎勵或者分配給流民耕作。南方的自耕農數量大大小於北方，因為南方土地歸屬比較固定。即便是政府劃出來安置流民的僑置州縣，土地也是國有，只是出租給流民耕種而已。

南北在飲食上也很不同。北方人的糧食以豆麥為主，多用來做餅；南方人則以稻米為主，多用來做米飯或者粥。不論南北，平民基本沒有佐餐菜餚，能以鹽泡菜佐餐就不錯了。肉食在魏晉普通人家的餐桌上極為罕見。北方畜牧業比南方發達（戰亂使許多舊時的農田變為了牧場），北方人的肉食比南方人多，以牛羊為主。南方人的肉食以鵝鴨雞魚為主，另外豬也成了南方人的肉食對象之一。

南北在穿戴上也很不同，大致是北方胡化嚴重，南方基本保留漢族的峨冠博帶。不過南北的布料多數都是麻布。在日常用品中，低矮的胡床出現，開始改變漢族人席地而坐的做派。紙張在魏晉得到大發展，麻

紙的產量很高。到南北朝時候，紙張代替了竹簡，成為日常文書的主要工具。

總之，不論是生活在南方還是北方，除了占人口極少數的權貴階層外，人們的生活既貧苦又悲慘。

二

魏晉風俗的鮮明特點是節日增多，人們在節日慶祝上增加了濃厚的喜慶、快樂和自我陶醉。畢竟現實社會非常殘酷，戰爭和貧困威脅著每個人的生命，人們開始在現實之外尋找寄託。節日就成了百姓尋找精神寄託的載體之一。（另一大載體是宗教，佛教在魏晉時期開始傳入並得到發展，留待南北朝一書再細說。）

節日可以為人提供精神放縱和尋找快樂的機會。慶祝節日時的短暫歡娛，讓人們獲得精神上的平衡，求得心理上的補償。一年之中，春節是南北方最隆重的節日，祭神、敬天等活動始終不變。接著就是元宵節，又稱正月半、上元節、燈節。三月三日江南要過上巳節，除了祭祀祈求驅災避禍之外，陸續發展為河畔嬉戲、男女相會、江邊洗濯、賞花觀水等活動。不論是達官貴人，還是平民百姓，都過「修禊」節。接著就是清明、端午、乞巧（七夕）、重陽、臘日、除夕等。這些節日發展到魏晉時期，被加入了許多內容，有的乾脆轉變了節日方向。

比如魏晉時，男子加冠禮開始用音樂伴奏。又比如魏晉時期開始盛行「抓周」禮，嬰孩滿周歲的時候由長者為他戴長命鎖或平安福等，祈

求寶寶長命百歲，此生幸福，並且擺出許多物件讓嬰孩去選，以此來預測他的前途和性情。再比如濫觴於史前的儺儀，原本是四季驅邪逐疫的儀式，到魏晉時發展為儺戲，儀式中加入了娛樂成分，出現了樂人扮演的神主、神獸等角色。

最典型的喜慶例子就是端午節真正作為一個節日，是在魏晉時期奠定的。魏晉以前，五月初五這一天被視為帶著神祕恐怖氣氛的日子。先秦時代，普遍認為五月是個毒月，五日是惡日，相傳這天邪佞當道，五毒並出。東晉末年的名將王鎮惡就因為是五月初五生的，家人竟然不想要這個孩子，要把他送人。所以，五月初五當天，人們都要避邪、驅毒，沒有與屈原連繫起來，更沒有娛樂和喜慶色彩。魏晉時期，五月初五開始被稱為端午。梁宗懍《荊楚歲時記》記述魏晉端午節的習俗：「五月俗稱惡月，多禁忌曝床薦席，及忌蓋屋……五月五日，四民並蹋百草，又有鬥百草之戲。採艾以為人，懸於戶上，以禳毒氣……是日，競渡，採雜藥……以五彩絲系臂，名曰闢兵，令人不病瘟。又有條達等織組雜物以相贈遺。取鴝鵒，教之語。」可見當時端午已經發展出豐富的習俗，包括：踏百草、採艾葉做成人形懸於門戶以禳除毒氣、用菖蒲做菖蒲酒、龍舟競渡、採藥等。這些習俗由避邪、驅毒發展而來，又明顯加入了遊玩娛樂色彩。當時還有抓八哥幼鳥教牠說話以供娛樂的活動。

在南方，流民們離鄉背井，反而更加珍惜漢族的傳統節日，將它們完整保存並發展了下來。而北方的傳統節日和一些習俗，卻沒有像南方這般保留完好。大量少數民族的習俗開始進入北方人的日常生活。

魏晉大事年表

二二〇年（魏黃初元年）

正月，曹操死，曹丕襲爵，嗣為丞相。

十月，曹丕稱帝，是為魏文帝。廢漢獻帝為山陽公，漢亡。建國號魏，都洛陽。

魏吏部尚書陳群制定九品中正制。

二二一年（蜀章武元年）

劉備稱帝，是為漢昭烈帝。國號漢，世稱蜀，都成都，以諸葛亮為丞相。

劉備率兵東進，攻孫權。夷陵之戰爆發。

孫權接受魏國封號，稱吳王於武昌。

二二三年（蜀章武三年）

劉備死，太子劉禪繼位，是為蜀後主。諸葛亮輔政，遣鄧芝使吳修好，共抗曹軍。南北對峙格局固定。

二二四年（魏黃初五年）

魏文帝曹丕攻吳，至廣陵，臨江而還。

二二六年（魏黃初七年）

魏文帝曹丕死，太子曹叡繼位，是為魏明帝。

二二八年（蜀建興六年）

諸葛亮兵出祁山攻魏，魏國破蜀軍先鋒馬謖於街亭。此後兩國在西邊戰事不斷。

二二九年（吳黃龍元年）

吳王孫權稱帝，是為吳大帝。國號吳，遷都建業。

二三〇年（吳黃龍二年）

吳遣將軍衛溫、諸葛直率萬人船隊過海達夷洲。

二三四年（蜀建興十二年）

諸葛亮卒於五丈原，司馬懿取得對蜀戰爭的巨大勝利。

二三八年（魏景初二年）

司馬懿攻遼東，殺公孫淵於襄平。

二三九年（魏景初三年）

魏明帝曹叡死，齊王芳即帝位，太尉司馬懿、宗室曹爽輔政。

二四〇年（魏正始元年）

玄學開始產生，以何晏、王弼的「正始學派」為代表。

二四八年（魏正始九年）

嵇康寓居山陽竹林，吸引志同道合者清談。竹林七賢形成。

二四九年（魏嘉平元年）

司馬懿發動高平陵政變，殺曹爽、何晏，遂專魏政。

二五一年（魏嘉平三年）

魏都督、揚州諸軍事王凌於淮南起兵反司馬懿，兵敗被擒自殺。

二五二年（吳太元二年）

孫權死，太子孫亮即位。

二五三年（吳建興二年）

吳孫峻殺諸葛恪，任丞相、大將軍，督中外諸軍事，專吳朝政。

二五四年（魏嘉平六年）

司馬師廢曹芳，立高貴鄉公曹髦。

二五五年（魏正元二年）

魏鎮東將軍毋丘儉在壽春起兵討司馬師，失敗被殺。

二五七年（魏甘露二年）

魏征東大將軍諸葛誕起兵討司馬昭，次年失敗被殺。

二五八年（吳太平三年）

吳丞相孫綝廢孫亮為會稽王，立孫休，是為吳景帝。孫休殺孫綝。

二六〇年（魏甘露五年）

曹髦率軍討司馬昭失敗被殺，司馬昭立曹奐為帝，是為魏元帝。

二六三年（魏景元四年）

司馬昭命鄧艾、鍾會攻蜀，後主劉禪降，蜀亡。

二六四年（吳永安七年）

吳景帝孫休死，孫皓立。

二六五年（晉泰始元年）

八月，司馬昭死，子司馬炎繼相國、晉王位。十二月，廢魏主稱帝，是為晉武帝。國號晉，都洛陽，史稱西晉。

司馬炎大封宗室諸王。

二六六年（晉泰始二年）

晉罷農官，所統悉屬郡縣。至此，曹魏屯田前後七十年。

二七二年（晉泰始八年）

夏天，東吳鎮守西陵的步闡投降晉朝。晉吳展開西陵戰役，東吳大將陸抗頂住了晉軍的進攻。

二七九年（晉咸寧五年）

西晉以賈充為大都督，大舉分道伐吳。

二八〇年（晉太康元年）

晉滅吳，統一全國。

西晉頒布戶調式，包括占田課田制、戶調制和品官占田蔭客制。戶調按九品混通的原則徵收。

從太康元年到太康十年的十年被豔稱為「太康繁榮」。

二九〇年（永熙元年）

晉武帝司馬炎死，晉惠帝司馬衷立，立賈充之女賈南風為皇后。晉武帝楊皇后父楊駿輔政。

西晉以劉淵為匈奴五部大都督。

二九一年（元康元年）

賈南風殺楊駿，又殺汝南王司馬亮及楚王司馬瑋；八王之亂開始。

二九六年（元康六年）

氐人齊萬年起兵於關中。

二九八年（元康八年）

關中連年饑荒，巴豪酋李特率流民入蜀。

二九九年（元康九年）

江統著《徙戎論》，提出將氐、羌等族徙離關中。

三○○年（永康元年）

趙王司馬倫殺賈南風。

三○一年（永康二年）

張軌據河西，求為涼州刺史。

趙王倫廢惠帝自立，齊王司馬冏等起兵殺倫，惠帝復位。司馬冏專政。

四川流民起義大爆發。流民推李特為首，起兵於綿竹，進攻成都。

三○三年（太安二年）

李特入成都，旋為益州刺史羅尚所殺。李雄再攻下成都。

張昌、石冰起義爆發。五月，張昌起義於安陸，占據江夏，攻襄陽，別帥石冰東進。

三〇四年（永安元年）

李雄稱成都王，建成漢。

匈奴劉淵在左國城即漢王位，建國號曰漢。十六國開始。

河間王司馬顒逼晉惠帝西遷長安。

三〇五年（永興二年）

右將軍陳敏於歷陽起兵造反，建立楚政權，一度得到江南世族支持。陳敏叛亂持續到西元三〇七年才為陶侃所敗。

三〇六年（永興三年）

東海王司馬越部隊挾晉惠帝還洛陽。

晉惠帝中毒而死，弟司馬熾繼位，是為晉懷帝。八王之亂結束。

并州饑荒，諸將率吏民就食冀州，號為「乞活軍」。

三〇七年（永嘉元年）

琅琊王司馬睿出任安東將軍、都督揚州諸軍事，和王導等人遷徙建業。此後大批中原官民遷徙南方，史稱「永嘉南渡」。

三一〇年（永嘉四年）

劉淵死，太子劉和繼位。劉聰殺劉和自立。

三一一年（永嘉五年）

荊湘流民推杜弢為首，據長沙起義。

司馬睿以王敦為都督西征，和各方爭奪長江中游。

劉曜攻下洛陽，殺吏民三萬餘人，挾晉懷帝至平陽。史稱「永嘉之禍」。

三一三年（永嘉七年）

劉聰殺懷帝，秦王司馬鄴在長安即位，是為晉愍帝。

三一六年（建興四年）

劉曜進兵關中，愍帝降，被送至平陽，西晉亡。

三一七年（建武元年）

琅琊王司馬睿即晉王位，史稱東晉。

祖逖北伐，陸續恢復河南地區。

三一八年（太興元年）

晉王司馬睿稱帝，是為晉元帝。建都建業。

劉聰病死，太子劉粲繼位，旋為靳準所殺，漢亡。劉曜發兵攻靳準，自立為皇帝。

三一九年（太興二年）

劉曜徙都長安，改國號趙，史稱前趙。

石勒自稱趙王，定都襄國，史稱後趙。

周訪最終平定荊州。司馬睿勢力基本控制了南方。

三二一年（太興四年）

祖逖病逝，北伐事業中斷。

三二二年（永昌元年）

王敦起兵武昌，攻入建康，還屯武昌，遙制朝政。

晉元帝司馬睿憂憤而死，晉明帝司馬紹繼位。

三二四年（太寧二年）

晉明帝司馬紹下令討伐王敦，王敦以兄王含為元帥攻建康，王敦病死，兵眾潰散。

三二五年（太寧三年）

晉明帝司馬紹病死，只有二十七歲。太子司馬衍繼位，是為晉成帝。外戚庾亮掌權。

三二八年（咸和三年）

蘇峻、祖約之亂爆發。

三二九年（咸和四年）

後趙出兵攻占上邽，殺太子劉熙，前趙亡。

三三〇年（咸和五年）

東晉始行度田收租制，畝稅三升。

後趙石勒稱帝。

三三三年（咸和八年）

夏，石勒病死，太子石弘繼位。石虎掌握後趙實權，第二年廢石弘，自稱天王。

三三五年（咸康元年）

後趙遷都於鄴。

三三七年（咸康三年）

鮮卑慕容皝稱燕王，建燕國，史稱前燕。

三三八年（咸康四年）

鮮卑拓跋什翼犍繼代王位，建代，定法律。

成國李壽自立，改國號為漢。

三四一年（咸康七年）

晉詔王公以下至庶人皆正土斷、白籍。

三四二年（咸康八年）

晉成帝司馬衍病死，同母弟弟司馬嶽繼位，是為晉康帝。

三四四年（建元二年）

晉康帝司馬嶽死，其子司馬聃繼位，是為晉穆帝。

三四五年（永和元年）

桓溫出任荊州刺史，取代庾氏獲得長江中游的兵權。

三四七年（永和三年）

桓溫滅成漢。

三四九年（永和五年）

後趙石虎死。北方大亂。

後趙謫戍涼州的東宮衛士十餘萬人在關中起義。

遼東慕容鮮卑大舉進攻後趙，開始覬覦中原。

三五〇年（永和六年）

冉閔滅後趙，自立為帝，國號大魏，史稱冉魏。

華北民族大仇殺。

三五一年（永和七年）

苻健在長安稱天王、大單于，國號大秦，史稱前秦。

三五二年（永和八年）

前燕慕容俊滅冉魏，遂在薊稱帝。

三五四年（永和十年）

桓溫北伐前秦，軍至灞上，逼近長安，後主動退兵。

三五六年（永和十二年）

桓溫第二次北伐，入洛陽，留兵戍守而還。

三五七年（昇平元年）

前秦苻堅透過政變上臺，稱大秦天王，漢人王猛輔政。
前燕遷都於鄴。

三六〇年（昇平四年）

前燕慕容俊病死，太子慕容暐繼位。

三六一年（昇平五年）

桓溫派兵破燕軍，取許昌。
晉穆帝司馬聃病逝，堂兄司馬丕繼位，是為晉哀帝。

三六四年（興寧二年）

東晉核查戶口，令所在土斷。

三六五年（興寧三年）

晉哀帝司馬丕中毒而死，其弟司馬奕繼位，是為晉廢帝。

三六九年（太和四年）

桓溫率軍五萬北伐前燕，至枋頭糧盡，撤退，大敗。

三七〇年（太和五年）

前秦滅前燕。

三七一年（咸安元年）

桓溫廢黜司馬奕為海西公，改立司馬昱為帝，是為簡文帝。

三七三年（寧康元年）

簡文帝死，謝安聯合王坦之、王彪之等人擁戴司馬曜即位，是為孝武帝。桓溫引兵入朝，在新亭為謝安阻止。

夏天，篡位失敗的桓溫病死。

三七六年（太元元年）

前秦滅前涼、滅代。

晉廢度田收租之制，王公以下口稅米三斛，在役者免。

三七七年（太元二年）

東晉謝玄建北府兵。

三八三年（太元八年）

晉秦淝水之戰，前秦大敗，內部分崩。

三八四年（太元九年）

鮮卑慕容垂稱燕王，後燕開始。

慕容泓稱濟北王，建立西燕。

羌族姚萇在渭北起兵，稱萬年秦王，史稱後秦。

三八五年（太元十年）

西燕慕容沖稱帝，入長安。

乞伏國仁自稱大單于，築勇士城為都，史稱西秦。

後燕慕容垂定都中山。

前秦苻堅被後秦姚萇縊死在新平佛寺。

謝安死，司馬道子父子開始先後在東晉專政。

三八六年（太元十一年）

鮮卑拓跋珪稱代王，都盛樂，改稱魏，北魏開始。

後秦姚萇入長安，稱帝。

呂光稱涼州牧、酒泉公，都姑臧，後涼開始。

三九四年（太元十九年）

後燕慕容垂攻破長子，殺慕容永，西燕亡。

前秦苻登為後秦姚興所殺，前秦亡。

三九五年（太元二十年）

北魏在參合陂大敗後燕。

三九六年（太元二十一年）

孝武帝司馬曜遇害，司馬道子扶持司馬德宗為帝，是為晉安帝。

後燕慕容垂征討北伐，中途而亡。

三九七年（隆安元年）

東晉王恭第一次起兵，得到荊州等地響應。

鮮卑禿髮烏孤稱西平王，築廉川堡為都，南涼開始。

三九八年（隆安二年）

王恭第二次起兵，北府兵劉牢之倒戈，王恭被殺。

參與王恭起兵的桓玄、殷仲堪、楊佺期三人結盟自保，桓玄被推為盟主。

慕容德自立為燕王，史稱南燕。

三九八年（北魏天興元年）

鮮卑族拓跋珪遷都平城，稱帝，是為魏道武帝。

三九九年（隆安三年）

東晉徵發浙東諸郡免奴為客者為兵，引起反對，孫恩起義爆發。

名僧法顯從長安出發，西行往天竺求經。

四〇〇年（隆安四年）

桓玄出任都督八州及揚、豫八郡諸軍事、後將軍，兼任荊江兩州刺史。

李晟自稱涼公，都敦煌，西涼開始。

四〇一年（隆安五年）

沮渠蒙遜殺段業，自稱涼州牧，史稱北涼。

後秦姚興迎名僧鳩摩羅什至長安。

孫恩起義軍逼近東晉首都建康，被劉裕等人所敗。

四〇二年（元興元年）

正月，司馬元顯討伐桓玄。北府兵劉牢之倒戈，桓玄攻破建業，司馬道子、司馬元顯父子勢力被剷除。

桓玄殺劉牢之。

孫恩攻臨海，敗死。妹夫盧循繼統其眾。

四〇三年（元興二年）

桓玄廢晉安帝，自稱帝，國號楚。

後涼降於後秦。

四〇四年（元興三年）

劉裕自京口起兵討桓玄，桓玄挾安帝還江陵，後敗死。

盧循攻陷番禺，第二年接受東晉的任命，出任廣州刺史。

四〇五年（義熙元年）

劉毅破江陵，迎晉安帝還建康。

陶淵明掛冠而去，開始隱居生活。

四〇七年（義熙三年）

劉裕入朝，開始專斷東晉朝政。

赫連勃勃稱大夏天王，夏政權開始。

後燕將領馮跋殺君主慕容熙，後燕亡，北燕建立。

四〇九年（義熙五年）

後燕亡。馮跋建立北燕。

劉裕北伐南燕，圍廣固。

四一〇年（義熙六年）

劉裕破廣固，南燕亡。

盧循、徐道覆北進，攻長沙、豫章等郡，進逼建康，為劉裕所敗。

四一一年（義熙七年）

盧循敗死。至此，孫恩、盧循起義遂告結束。

四一二年（義熙八年）

劉裕消滅劉毅。

東晉以朱齡石做元帥，領兵進攻割據四川的譙縱。

法顯航海回國，次年至建康，著有《佛國記》。

四一三年（義熙九年）

劉裕主持「義熙土斷」。

七月，譙縱自縊而亡，四川重新進入東晉版圖。

四一四年（義熙十年）

西秦襲取樂都，南涼亡。

四一六年（義熙十二年）

二月，後秦姚興去世，姚泓繼位。

劉裕北伐後秦。

四一七年（義熙十三年）

劉裕北伐入長安，姚泓投降，後秦亡。

劉裕留兵駐守長安，自回南方爭權。

四一八年（義熙十四年）

赫連勃勃攻陷長安，稱帝。

註：西元二八〇年西晉滅吳統一全國之前，三國年號並用；二八〇年以後的年號都是兩晉的年號。

權謀與詩酒，魏晉的興衰史詩：
從晉室偏安到士人風骨

作　　　者：張程
發　行　人：黃振庭
出　版　者：崧燁文化事業有限公司
發　行　者：崧燁文化事業有限公司
E - m a i l：sonbookservice@gmail.
　　　　　　com
粉　絲　頁：https://www.facebook.
　　　　　　com/sonbookss/
網　　　址：https://sonbook.net/
地　　　址：台北市中正區重慶南路一段
　　　　　　61 號 8 樓
8F., No.61, Sec. 1, Chongqing S. Rd.,
Zhongzheng Dist., Taipei City 100, Taiwan

電　　　話：(02)2370-3310
傳　　　真：(02)2388-1990
印　　　刷：京峯數位服務有限公司
律師顧問：廣華律師事務所 張珮琦律師

定　　　價：375 元
發行日期：2024 年 06 月第一版
◎本書以 POD 印製

國家圖書館出版品預行編目資料

權謀與詩酒，魏晉的興衰史詩：從
晉室偏安到士人風骨 / 張程 著 . --
第一版 . -- 臺北市：崧燁文化事業有
限公司 , 2024.06
面；　公分
POD 版
ISBN 978-626-394-303-2(平裝)
1.CST: 魏晉南北朝史
623　　　113006597

電子書購買

爽讀 APP

臉書

權謀與詩酒，魏晉的興衰史詩：
從晉室偏安到士人風骨

作　　　者：張程
發 行 人：黃振庭
出 版 者：崧燁文化事業有限公司
發 行 者：崧燁文化事業有限公司
E - m a i l：sonbookservice@gmail.com
粉 絲 頁：https://www.facebook.com/sonbookss/
網　　　址：https://sonbook.net/
地　　　址：台北市中正區重慶南路一段61 號 8 樓
8F., No.61, Sec. 1, Chongqing S. Rd.,
Zhongzheng Dist., Taipei City 100, Taiwan

電　　　話：(02)2370-3310
傳　　　真：(02)2388-1990
印　　　刷：京峯數位服務有限公司
律師顧問：廣華律師事務所 張珮琦律師

定　　　價：375 元
發行日期：2024 年 06 月第一版
◎本書以 POD 印製

國家圖書館出版品預行編目資料

權謀與詩酒，魏晉的興衰史詩：從晉室偏安到士人風骨 / 張程 著 . -- 第一版 . -- 臺北市：崧燁文化事業有限公司 , 2024.06
面；　公分
POD 版
ISBN 978-626-394-303-2(平裝)
1.CST: 魏晉南北朝史
623　　　113006597

電子書購買

爽讀 APP

臉書